福建南拳

高楚兰　主编

人民体育出版社

图书在版编目（CIP）数据

福建南拳 / 高楚兰主编 . -- 北京 : 人民体育出版社 , 2022

ISBN 978-7-5009-5896-3

Ⅰ . ①福… Ⅱ . ①高… Ⅲ . ①南拳—福建 Ⅳ . ① G852.13

中国版本图书馆 CIP 数据核字 (2020) 第 218047 号

*

人 民 体 育 出 版 社 出 版 发 行
北京盛通印刷股份有限公司印刷
新 华 书 店 经 销

*

787 × 1092　16 开本　18.75 印张　362 千字
2022 年 11 月第 1 版　2022 年 11 月第 1 次印刷

*

ISBN 978-7-5009-5896-3
定价：83.00 元

社址：北京市东城区体育馆路 8 号（天坛公园东门）
电话：67151482（发行部）　　邮编：100061
传真：67151483　　邮购：67118491
网址：www.psphpress.com
（购买本社图书，如遇有缺损页可与邮购部联系）

编审委员会

序

2016年11月30日，习近平总书记在中国文联十大、中国作协九大开幕式上指出："坚持文化自信是更基础、更广泛、更深厚的自信，是更基本、更深沉、更持久的力量。"中华优秀传统文化滋养着中华民族，给我们的文化自信打下了最深厚的历史根基。立足于文化自信的时代要求，大力发展武术事业，是提升中华文化"软实力"的重要途径。

武术，其根是中华大地上深厚的历史，其魂是中华民族优秀的传统文化。福建省作为武术南拳的重要"祖源地"，具有丰富的传统武术文化资源。历史悠久的八闽文化环境，为南拳在福建省的生根发芽、蓬勃发展提供了深厚优质的土壤。

《福建南拳》一书作为专家们多年来的心血力作，详细梳理了五祖拳、永春白鹤拳、福州鹤拳、连城拳、虎尊拳、地术拳六个具有代表性的福建传统武术拳种的历史文化及技术，并精心选取了大量的代表性动作，汇编成了"福建南拳规定套路"。

"高山仰止，景行行止。"

拜读本书，深感专家们为福建省武术事业的贡献之深，为中国武术事业的付力之巨。本书的出版必将大大丰富福建省体育文化事业的内容，推动中华武术文化更深入、更广泛地传播。

特此为序。

福建省体育局党组书记、局长：叶得盛

前言

福建武术的产生和发展是福建人民勤劳勇敢的象征，福建南拳以其独特的特点，发挥着陶冶情操、防身健身、修心养性、弘扬民族精神的作用，是我国武术文化中的灿烂瑰宝。

福建武术门派繁多、内容丰富、功法完整、技法全面、风格鲜明、特点突出，具有系统、科学的理论体系和技术体系。远古时代，福建先民在人与兽、人与人之间争夺生存资源的过程中，掌握了一定的攻防格斗技能，并在漫长的历史发展中逐渐形成独特的武术技艺。福建省地处我国东南部，三面环山、一面滨海，西部连绵不断的武夷山脉成为阻隔中原战火的天然屏障，历朝历代都有中原汉人迁入闽地的记载。两晋南北朝时期，中原动荡，大量汉人为避战乱南渡入闽，形成了历史上著名的“衣冠南渡”。隋唐时期，封建统治者加大对东南沿海地区的开发和治理，大量汉民携家眷一同进入闽地，对福建进行开发。两宋时期，北方战乱不断，宋室南迁，百姓为躲避战乱，再次出现了汉人大举南迁的浪潮。历史上几次大规模的中原汉人迁入闽地，使福建成为人才辈出之地，汉人的南迁不仅带来了中原先进的生产力，同时也为福建注入了丰富多彩的中原武艺。明朝时倭寇横行东南沿海，福建成为抗倭战场的最前沿，福建军民为了保家卫国，竞相习练抗倭武艺，新的战略思想和军事武艺在这里得到实践，有效地促进了闽地武术的成熟和发展。

福建多丘陵地带，外来武艺技能进入闽地后都要受到福建历史文化和地理环境的影响，本土武术文化和外来武术技艺在长时间的实践过程中不断融合和发展，最终形成了现在的福建南拳。福建南拳的基本特征是：下盘稳固，着重手法，发力刚劲，结构紧凑，动作朴实，手法多变，短手连打，步法稳健，攻击勇猛，常伴以声助威，技击性强。

本书在福建省众多武术拳种中选取了五祖拳、永春白鹤拳、福州鹤拳、连城拳、虎尊拳、地术拳六个具有代表性的传统武术拳种，以这六个拳种的经典动作为主要素材汇编成“福建南拳规定套路”。其中，五祖拳一门五拳，太祖派、达尊派、罗汉派、行者派、白鹤派五种拳的技术风格统一中又有所区分，旨趣取法虽各有所尚，但技理功法则基本相同，都体现出刚猛剽悍、拳势激烈、刚柔相济、固守待进、实战性强、富阳刚之美的特点，形成了五祖拳独特的风貌。永春白鹤拳虽具鹤形，但不是象形拳，它的许多动作是以鹤命名的，如它以人的两上肢喻鹤翼，以两手掌喻鹤翅，以两手腕喻鹤头，以撮指为勾曰鹤嘴，以屈指钳抓曰鹤爪，把整个人称鹤身，将两下肢称鹤脚，演练时“似曲非曲，似直非直”，吞吐自如，高马鹤手，浮沉有度，多用掌、爪、腕、指、肘法，少用拳法，兼用腿法。福州鹤拳是由飞鹤拳、鸣鹤拳、宿鹤拳、食鹤拳和纵鹤拳等共同组成，模仿鹤的发声、形态和相关动作而形成的拳法：飞鹤模仿鹤之飞翔、跳跃、拍击，动作形象，舒展大方；鸣鹤以形为拳，以意为神，以气催力，拳势激烈；宿鹤模仿鹤似睡非睡，讲究听力借力，手法多变；食鹤如鹤之啄食，动作轻巧快捷；纵鹤注重宗劲，纵横走圆、弹抖发劲。连城拳是闽西客家文化的典型代表，多小马步、半马步等，动作幅度虽小，但灵活多变，拳法注重手上功夫，手法丰富，周身似手，除了手脚并用外，头、肩、肘、胯、膝等部位也可攻可守，变化多端。虎尊拳以猛虎之威猛为形象，拳势勇猛，劲力刚强，突出“以刚制刚，见力生力，见力破力”，以短手近打为主，讲究底力与内功，练拳时“吞喉露齿，狮嘴麒麟目”。地术拳是以南拳为主体，发挥北方拳种腿法的优点，充分模仿犬在格斗时表现出的凶猛、机警、灵敏而形成的具有独特风格的拳法，以地面动作为主，讲究翻、滚、扑、摔、剪、奔、窜、跳、钻、挂。福建南拳规定套路是在上述六个拳种的基础上，选取其中具有代表性的动作，根据福建南拳普遍的技术特点，把福建南拳的手型、手法、步型、步法、腿法、平衡、跳跃等动作规格化整理创编而成。从编排上看，它既适合于福建南拳的基础训练，又适合于竞技比赛的综合提高。

本书详细介绍了五祖拳、永春白鹤拳、福州鹤拳、连城拳、虎尊拳、地术拳和福建南拳规定套路的历史渊源、拳理拳法、技术体系、风格特点、动作方法及在练习中的要点等，填补了对福建武术的挖掘盲区，使读者和习练者对福建武术有一个系统的认识，为福建武术的整体发展奠定了坚实的基础，也是对中华民族传统体育的继承、改革和发展的重要思索。

目录

五祖拳

永春白鹤拳

福州鹤拳

连城拳

虎尊拳

地术拳

福建南拳规定套路

五祖拳

第一章　五祖拳概述

五祖拳形成发展于泉州等闽南各地，是福建南拳七大拳种中历史最悠久、传播最广泛、最具代表性的传统拳种之一。它远肇于晋唐，发轫于宋，成熟于明，大备于清。据现存古谱记载，约至清初，“太祖、达尊、罗汉、行者、鹤拳”五种传统拳术纳于一门，统称为“五祖拳”。

一、五祖拳的源流

晋唐至宋代，中原人民三次大批南迁入闽驻泉，带来了灿烂的中原文化，推动中原武艺向泉州地区传播，奠定了泉州武术发展的基础。宋代皇族迁至泉州，带来“宋太祖拳”，泉州武术得而益精。明代抗倭战争推动泉州武术全面发展，以“太祖拳”为母拳，繁衍出多种拳式，至清初形成“一门五拳”的五祖拳门。

（一）晋代“部曲”的兵民演武

西晋永嘉二年（308），中原战乱，八姓避难入闽，衣冠南渡，大批士民沿晋江而居，带来了中原文化习俗和武术。晋代实行私兵制，所设“部曲”，是半官半民的地方武装组织，一将领五部，一部辖五曲，一曲二百人，亦兵亦农，屯垦藏兵于乡里，战时打仗，平时农耕演武。1973 年在南安丰州出土的“部曲将印”，证明泉州在晋代就有地方兵民演武的史实。

（二）宋代皇族南迁带来“太祖拳”

“拳术”是在宋代形成基本形态的。史籍记载“宋太祖有三十二势长拳。”宋高宗建炎三年（1129），南外宗正司迁往泉州，宋太祖六世孙子侁入泉。至宋末皇族居泉者已达三千余人，其带来的文化习俗对泉州影响至深，梨园南音、手扑拳术，由是风行不息。宋《南外天源赵氏族谱》记载，皇族“习武举业，武闱中式，选充力士，从戎建功，屡见不绝”。宋室皇族迁至泉州，带来太祖拳，由皇族而至民间，广泛传播，泉州武术得“太祖拳”而益精，习武之风日盛。

（三）明代是泉州武术发展的鼎盛时期

明嘉靖年间，倭寇侵扰我国南方各省，福建沿海成为重灾区。朝廷命俞大猷统兵抗倭。俞大猷（1503—1579），泉州河市人，少怀壮志，以古豪杰自期，师从宋皇族赵本学学习兵法和太祖拳，与后来同为名将的邓寒松等人结庐读书，练武于清源山，又得老猿公授猴拳，还先后从永春刘邦协、同安李良钦学“荆楚长剑”，转益多师，尽得各家拳术，著成我国第一部武术专著《剑经》。戚继光赞之为“千古奇秘”，名将何良臣推崇备至，称：“棍法之妙，亦尽于大猷《剑经》。”明代户部尚书黄景昉在《温陵旧事》中称：“泉郡拳棒手扑妙绝天下”“盖俞都护集古今棍法而大成之”。《剑经》把泉州太祖拳棍的技理拳法提到了前所未有的高度，更趋实战性和理论化。时至今日，《剑经》仍是五祖拳及其他拳种的拳论准绳。

俞大猷以太祖拳棒训练士卒，征剿倭寇所向披靡。“俞龙戚虎”协同，把职业军队的军事阵战和民间乡勇的武艺训练相结合，推动了闽南武术技艺的提高和发展。为保家卫国，闽南城乡练武成风，发展鼎盛。

明代中后期武术大发展中，泉州以太祖拳为母拳，繁衍出独具特色的南少林拳术体系，包括太祖拳、达尊拳、罗汉拳和猴拳等诸多拳式。清嘉庆年间，晋江蔡永兼所著《西山杂志》记载：“明嘉靖年间倭乱，沿海村里大兴练场。”“少林僧人传播技击于泉南。”“所授为达尊、太祖、猴拳。”这些拳种流传相当广泛，《明史》记载：“百家绝技，后先接踵，甲于闽中。”

（四）清初形成“五祖拳门”

1. 白鹤拳兴起使一门囊括五种拳术

据《永春县志》及古拳谱记载，康熙年间浙江丽水少林拳家方种公之女方七娘创立“鹤法”，在永春后庙辜厝开馆授徒，“白鹤拳”就此广泛传播，郑礼拳名最著。《白鹤拳家正法》中说：“拳术多端，变化无穷，始自太祖拳，流传世代，继而白鹤拳教授迄今。”《永春郑礼叔教传拳法》中说：“一达尊教法，二太祖教势，三行者教道，四罗汉教习。”《桃源拳术》在“记学拳法祖”中说：“第一祖达尊云法，太祖教势，行者教道，罗汉示身，白鹤仙师教刚柔相济。”又在“总论”中说：“自鬼谷仙师、罗汉、太祖以流传至今，法度甚多。”永春众多拳师家藏手抄《白鹤拳谱》记载：“自古拳有五祖：达尊、太祖、罗法、行者、白鹤，其中白鹤拳为年轻后起之一种。”

白鹤拳兴起后，闽南民众耳濡目染以太祖拳、达尊拳、罗汉拳、猴拳、白鹤拳这五种拳为最。五种拳式功理相通，拳风相似，技手相若，步马相同，既可兼习，亦可专精，很多招式名实俱同，易于通习掌握，民间普遍推广演练，并行兼容，蓄存于一门，一门而统五拳。概言之，五祖拳溯源，以宋太祖、达摩、罗汉、行者、白鹤为“法祖”，以尊崇“先师五祖”而统称这五种拳式为“五祖拳”。“五祖拳”总称的形成，是在白鹤拳勃兴之后，即在康熙年间或之后。

2. 反清复明的斗争推动“南少林五祖拳”传播

明清鼎替，民族斗争激烈，泉州是当时全国政治、军事斗争的焦点地区。郑成功（1624—1662），泉州南安石井人，以泉漳厦为根据地，起兵抗击清军全师达22年。1661年，郑成功挥师东征，驱除荷夷，收复台湾。泉州处于明清两军拉锯战中，旧志载：“泉漳间拳勇少年多往从之。”或壮丁或从戎。为保全家乡，各地乡村纷纷设立武馆练武习艺，客观上促成了武术高度融汇和发展的大环境。

明末清初，泉州兴起天地会、小刀会、红钱会等反清复明帮会，借助传习“南少林五祖拳”发展组织、扩大力量，加上数次农民起义的推动，泉州城乡处处练武成风。长期的民族斗争加深了社会民众对“南少林五祖拳”称号的普遍认同，传袭至今。

泉州武术伴随着清初的民族斗争广泛传播，为民众所乐习，因战争而播扬，为会党所仗恃。闽南武风震动朝野，清廷以整肃治安为由，在雍乾两朝数度禁拳。在高压政策的打击之下，泉州武术由明末清初之盛转趋衰微。

（五）清末民初“泉南处处又见少林风”

鸦片战争以后，外夷侵凌，强国强种成为时代先声。及至革命军兴起，泉州同盟会为联络革命，策动拳社活动，泉州五祖拳从低潮中振起，泉南处处又见少林风，习武成为时代潮流，并且出现了很多叱咤风云的武林人物。泉郡缙绅业文艺武，数十人武闱折桂，归乡设馆传艺。僧门武术也薪传有序，传承不殆。清末民初，泉州武术最负盛名的有黄纪堂、魏捷玉、黄培松、蔡玉明、林贤、庄詹、魏希农、廖豆、释仰华、释妙月、何春、黄福田等，门墙嫣红，有誉当时，传谱至今。

晋江内坑人尤凤标，于1918年5月编撰出版《中华柔术大全》，作为“供中小学校用”和“国技传习所”的教科书以教学子。其援引的“中华柔术”,具体就是“五祖拳”。这是我国近代可考的第一本正式出版的武术校本教材。

（六）当代五祖拳的发展

闽南各地拳馆众多,历史悠久,各门各派,各有师承,传承有序。各流派走出国门，将五祖拳广传于世界各地。凡是有闽南华侨的地方，就有五祖拳。五祖拳至今枝叶繁茂，生生不息。

20世纪80年代，国内外掀起少林热潮，中华传统武术再度走出国门，世界各地不少拳种溯源至中国。1990 年 10 月，“国际南少林五祖拳联谊总会”在泉州成立，之后不断发展，至今已有 40 余个国家和地区的五祖拳馆社参与活动，每年均在泉州或海外举办年会和五祖拳大赛、学术研讨会，成为国际武术文化交流的一个平台，也是海外乡亲与祖国联系的血脉纽带。

五祖拳源远流长，是泉州历代拳人在武术发展中的创造集成，是闽南历史文化的内涵和标志之一。2008 年 6 月，“五祖拳”被列入国家级非物质文化遗产名录，各级人民政府陆续颁布各级代表性传承人和传习所。

二、五祖拳的风格特点

五祖拳一门五拳，技理功法基本相同，刚猛剽悍，拳势激烈，刚柔相济，固守待进，实战性强，富阳刚之美。然统一风格中又各有特点，旨趣取法各有所尚。

（一）太祖派

太祖拳属于功力型拳架，各拳派中最硬。勇猛刚健，龙行虎步，帝王气象。硬攻直进，硬弓硬马。腿法简约，多低而沉重。刚柔相济，吞吐浮沉，以气催力，出拳响劲，穿山洞石，拳势激烈。力兼势，狠而沉，套路短，发力充分。

（二）达尊派

达尊拳拳性较温良，注重内练，长于呼吸吐纳，短技阔马，讲究摇身骏甲。平直端方，收藏四配，润节透骨，运柔至刚，虚实互补，拳功一体。

（三）罗汉派

罗汉拳根据罗汉姿态，因形取势，动中寓静，手与眼通，意与气通，肩与腰通，上与下通，吐纳中定。欲出必中，短手近打，借力顺力。一身三正，气神为根，运手务柔，着手即刚。丹田运气，五行变化。禅心运武，拳功结合。

（四）行者派（猴法）

行者派取猿猴灵敏之长和纵跳之能，善于消闪，轻灵敏捷，跳纵轻盈。长取短收，高探低采，随缩就伸，抓扣缠锁，连技捷发，绵密连贯。取形象为势，以真意传神。

（五）白鹤派（鹤法）

鹤拳以鹤为形，以形命拳，虽具鹤形，但不是象形拳。拳势似曲非曲、似直非直，寸劲节力，刚柔抖发。拳性喻为雷电风雨，风为动、雨为静，起力如雷从地发，出手闪走如电。身法子午中正，圆转自如。手法寸劲节力瞬间爆发，吞吐沉浮虚实分明。势法圆滑走闪灵活，脉络贯通神气流畅。

三、五祖拳的拳理

五祖拳威猛激烈，极富阳刚之美，同时以柔济刚，包含内家技击法和内功修炼法。拳理简奥赅备，功法丰富完美，为内外兼修、强枝固本之拳种。

（一）论拳法要

静以待动，谓之雨力；动以入静，谓之风力。风则无影，雨则有形，风雨认真，势如破竹。虚而为实，实而为虚。实不实，只要直。刚者柔以得之，柔者刚以成之，此谓刚柔相济。

（二）论五肢之法

头顶天平硬正，颌下地阁直竖。手有三节之力，两胛相对齐整。上节沉肩，中节吞坠，尾节下插。内节如铁，外节似棉，身如车轮，腹似铁壁。前三部：提膀胱、起丹田、献八卦；后三部：落大椎、束腰力、插尾尻。足有三节之力，阴根提起，阳根降落，腿上一片夹入。膝眼展开，前臁须包，五趾收起，掌心吸落，夹力坐沉，落地生根。

百会提则头挺，牙关起而项强，两肩坠而心胸守，十趾翘则足力生。卸大椎以通中气，兜前足以固膀胱。开合随时，阴阳要转，吞吐出入丹田，行劲达于四肢。一肢摇，四肢摇，一肢动，四肢动。立步须如泰山，出手须如风快。

眼观六路，身听八方，小腹须防，尾闾务夹，丹田鼓荡，任督开张。步式注重后肢，运功先提五肚。安如磐石，矫若游龙。

（三）正子午

子午正则头容、身势、技手、步式端正，拳风雍容大方，气势沛然。拳势归中，脚手相随，有势有力，应接如意。子午归中，无处不在，无时不有。步武得式，扎马立定，中正沉稳。

拳动，必求身正归中，含胸拔背，卸肩沉肘，头容端正，尾脊直落。牙关起以咽喉放空，下颌收而目光投远。精神固其内，威形显其外。

举步必固下盘，横向之距，参差拟肩。坐马前三后七或前四后六，固守待进。走马蹀马，行步似风，踢尚低而沉，纵之于膝，进退闪转，一马坐实，支撑八面。

（四）明刚柔

凡拳皆有刚柔，刚中寓柔，柔中寓刚。刚一化而吞，柔一变而吐。沉为柔，浮为刚，刚柔相济，制胜之本。直线出击为刚性技手，圆弧运化为柔性技手。踏中宫而入，近身逼靠，势至力足，硬截硬打，形质皆刚，为用刚之道；偏门取势，左右消闪，退避反侧，遇重则泻，逢空即进，吞沉消闪，为用柔之术。脆力、爆发力可变而为恒力，松劲一变而为直劲、横劲、寸劲，亦刚亦柔，生生不息。散其力头，乘其力尾，刚柔互用，手战之道。

（五）敏应接

兵无常势，随机应变，“一胆二精三熟”，胆大、心宁、眼尖，精于度势，明其虚实，熟其往来。临敌志旺神清，其技必精；气促神昏者，其艺必浅。内实精神，外示安逸，沉着方能明势。顺人之势，借人之力，后人发，先人至。

（六）落地生根法

后脚如虎踞，前脚如猫行，踏实辄腰骱顿锁，膝眼扣，前臁包，五趾朝天，谷道夹，脚筋吊起，脚力煞定，入地三尺，行拳有似大树临风，枝叶舞之而盘根稳固。

（七）劲法

以气催力，力由腰发，必借地力。手与脚合，肘与膝合，肩与胯合。梢节起，中节随，根节追，此谓节力。

丹田运气，俊肚吞吐，劲路须顺，意之所在，发欲冲冠，指欲透骨，牙欲断筋，舌欲摧齿。内劲骤发，动之瞬息，短劲击敌谓之寸劲。

五祖拳劲力：硬、猛、韧。硬者力重如泰山压顶；猛者力迅，如猛虎出林；韧者刚中寓柔如挽强弓。神与气合，其劲仍生。运任督之气，以意催气，以气催劲，即为内劲。发力之要，首在丹田，次在腰肩，以腰为轴肩为承，劲随气出，且抖且弹，能顿能掇，劲道乃脆，能节力，知换劲，合节律，变阴阳，贯始终。意到、马到、身到、手到、气到、力到。

（八）气法

气沉丹田，周行全身，纳气深长，蓄气充盈，吐气随势，善蓄善运，以气催力。提气之法纵之用，托气之法静之用，聚气之法刚脆之用，沉气之法吞落之用。四法明则心清神旺，其劲不竭。

第二章　五祖拳基本技术

五祖拳基本技法实用大方，具有硬桥硬马、吞吐浮沉、刚中有柔、极柔而刚的特点。其技法从外形分为长技、短技，从部位分为指、掌、拳、肘、足等类，从攻防分为单攻、单防、双攻、双防、攻防兼备及反关节动作。

一、手型

（一）平拳

五指握紧，拇指扣于食指、中指的第二节指背，拳心朝下，拳面朝前。（图 1–1）

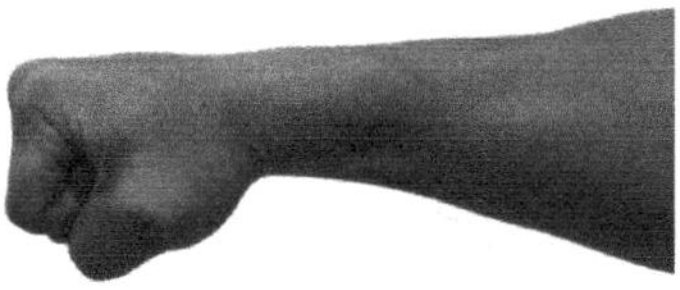

图 1–1

（二）掌

四指并拢伸直，大拇指弯曲紧扣于食指侧，拇侧朝上，掌心朝内，掌指朝前。（图 1–2）

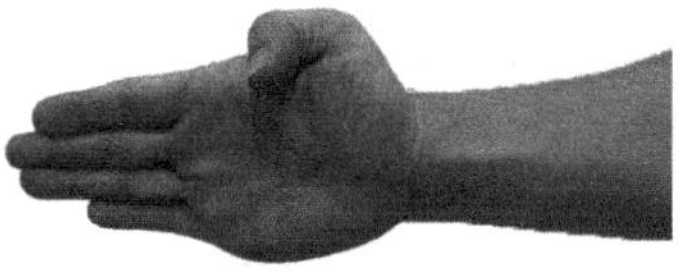

图 1–2

（三）挡掌（姜母手）

掌指朝上，腕关节下沉，五指弯曲收紧于指根位置，掌心朝前。（图 1–3）

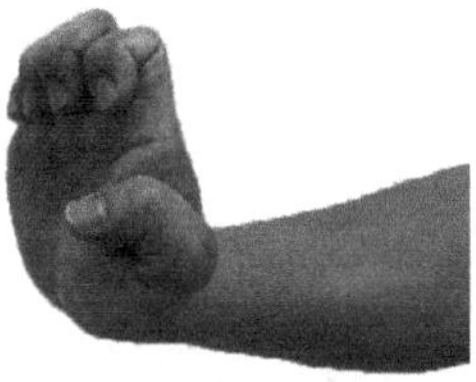

图 1–3

（四）啄掌

四指并拢伸直，大拇指弯曲紧扣于食指侧，手掌向尺侧弯曲。（图 1–4）

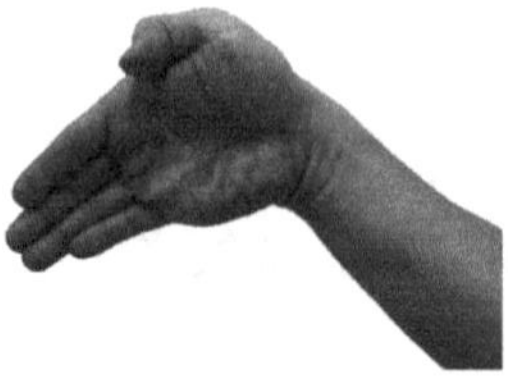

图 1–4

二、步型

（一）三战马

图 1–5

双脚分开，间距比肩宽 10 厘米，一脚上前一步，前脚后跟距后脚尖约 10 厘米，双膝弯曲下坐，重心按前三后七分配，前脚膝盖不超过脚尖。（图 1–5）

（二）四平马

双脚分开，间距比肩宽 10 厘米，双膝弯曲下坐，膝盖不超过脚尖。（图 1–6）

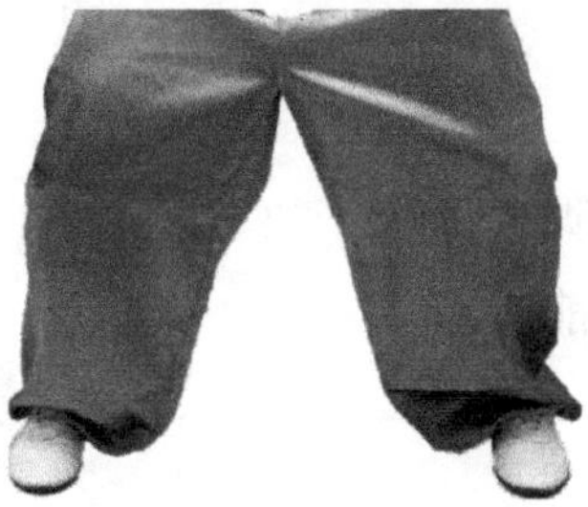

图 1–6

（三）过阶马

在四平马的基础上，身体向右旋转；右脚以脚后跟为轴，脚尖外展 45°，膝盖弯曲；左脚以脚尖为轴，脚后跟外展 45°，腿伸直；两胯夹紧。左式动作相反。（图 1–7）

图 1–7

（四）弓马

在三战马的基础上，后腿伸直，重心前移，前腿膝盖弯曲。（图 1-8）

图 1-8

（五）丁字马

在三战马的基础上，前脚进前一脚，后脚不动，脚尖外展与前脚成丁字形，重心下沉。（图 1-9）

图 1-9

（六）架脚

在三战马的基础上，前脚收回，以前脚掌点在后脚跟前方直线距离两脚的位置，双膝弯曲下蹲，支撑脚大腿高于水平。（图 1-10）

图 1-10

三、身型

（一）墓牌身

身型方正，两肩和两胯位于同一个平面上。（图 1–11）

（二）一辽身

身型向左右转动，以侧身对正前方。（图 1–12）

图 1–11

图 1–12

四、手法

（一）挣拳

握拳从腋下直线击出，拳面朝前，拳背朝上，主要攻击对方头面、胸腹部位，力点集于拳面。

（二）鞭拳

握拳由肩上耳旁，拳心朝前，拳峰朝后，抡臂向前方弧线击出，拳峰朝前，拳心朝面，力点在拳峰，主要攻击对方头面部。

（三）啄掌

手掌四指并拢，大拇指紧扣，由下往上划弧向前啄出，指尖朝下，主要攻击对方头颈部。

（四）盖掌

手掌四指并拢，大拇指紧扣，由上往下划弧经胯前向上绕起，掌根下沉，掌心朝前，掌指向上，主要防守对方进攻之手法或腿法。

（五）擒掌

手掌四指并拢，虎口张开，拇指稍扣，掌指伸直，由下往上经体前划弧往上过眉毛后往下抓压，与肩同高，前臂内扣，力达指尖，主要擒抓对方进攻我中线的拳掌。

（六）破掌

分正破掌和反破掌。立掌由肩上内侧或外侧划弧朝前劈出，力达掌根，主要攻击对方的头面正中及双侧颈部。

（七）打横节

屈肘，用肘由下至上、由外侧至内侧作横向攻击，力点在肘尖，主要攻击对方的胸、颈、头部。

（八）挑掌

手掌四指并拢，拇指紧扣，前臂由下往上、由内至外划弧格挡，高与眉齐，稍宽于肩，手臂弯曲内扣，力达前臂桡骨一侧近手腕处。主要向身侧格挡对方攻击我中上盘直线型技法。

（九）开掌

手掌四指并拢，拇指紧扣，屈臂由对侧肩前向同侧甩击至同侧胯前，手臂伸直，掌心朝下。力达前臂尺骨一侧近于手腕处和掌根。主要向身侧格挡对方攻击我中下盘直线型手法、腿法。

（十）双平拳

双手握拳，从腋下直线击出，拳面朝前，拳眼相对，力达拳面。击打部位为对方的双肋、胸部等。

（十一）双弹

双掌收至左腋前，掌心向下；上动不停，拧腰发力，双掌交叉向前弹出，掌心朝下，双掌上下为一拳距离。主要以双手掌刀弹击对方胸部。

（十二）抱捭

双手掌四指并拢，大拇指紧扣，掌心向外，左手在上，掌指朝上，右手在下，掌指朝下，同时向前推挡，主要攻击对方的胸肋、腰腹部。

（十三）搓法

对方以手法攻击我中上盘时，我以一掌于胸前擒压住对方手腕，猛往下压；同时，我另一掌以仰掌往上猛击对方肘关节处，形成反关节运动，击断敌手。

（十四）双擒

双手掌四指并拢，虎口张开，拇指稍扣，掌指伸直，由下往上经体前划弧往上过眉毛后往下抓压，与肩同高，前臂内扣，力达指尖，主要擒抓对方进攻我中线的双拳、掌。

（十五）双挑

双掌四指并拢，拇指紧扣，双前臂交叉由下往上、由内至外划弧格挡，高与眉齐，稍宽于肩，手臂弯曲内扣，力达前臂桡骨一侧近手腕处。主要向身侧格挡对方攻击我中上盘的双手直线型技法。

（十六）双挡掌

双掌五指紧缩成挡掌（又称姜母手），由腋下向前击出，掌心朝前，力达掌根，主要攻击对方的胸肋、腰腹部。

（十七）抠摇

手掌拇指紧扣，四指并拢勾向前臂腕部尺骨侧，由上往下、由内至外划弧格挡，掌心朝下，高与腰齐，稍宽于胯，手臂弯曲内扣，力达前臂尺骨一侧手腕处，右掌同时以掌刀侧向前击出。主要向身侧格挡对方攻击我中盘的技法，同时进攻对方，达到攻防兼备。

五、步法

（一）进马

四平马步，右脚向前进一步成三战马步。

（二）咠马

右三战马步，右脚向前进一步，左脚亦跟进一步成右三战马步。

（三）蹀马

右三战马步，进左脚成左三战马步，上动不停，进右脚成右三战马步。

（四）退马

右三战马步，右脚后退一步成左三战马步。

（五）留马

右三战马步，左脚后退半步，右脚收回至左脚前 40 厘米处，右脚前脚掌着地，脚跟提起成架脚。

（六）三点金（换马）

右三战马步，右脚退回一步，左脚上前一步成左三战马步，左脚再退回一步，右脚上前一步成右三战马步。

六、身法

（一）直身

基本身法，不偏不倚，子午端正。

（二）斜身

向左右旋转，蓄势以待。

（三）转身

前后门（方向）转换方位进退之身法。

（四）摇身

腰骱肩胛一吞一吐，以摇身之力迅速转动发力。

第三章　五祖拳套路动作详解

简化五祖拳套路是萃取传统五祖拳的精华动作缩编而成。本套路保留了传统五祖拳的风格特点，突出了具有典型代表性的、风格独特的打节、抱捭等动作以及发声。

一、动作名称

预备势	
第一式　请拳起势	第 十 式　进马抱捭
第二式　退马搓入	第十一式　蹀马搓踢
第三式　进双平拳	第十二式　杲马双弹
第四式　杲马擒挣	第十三式　转身开弓
第五式　杲马打节	第十四式　杲马抠摇
第六式　随手开下	第十五式　进马擒掌
第七式　挑掌梻肚	第十六式　桂英割挡
第八式　转身啄盖	第十七式　挑破朝阳
第九式　杲马鞭拳	第十八式　双掭收势

二、动作图解

预备势

并步直立；两臂自然伸直下垂，紧贴大腿两侧；目视前方。（图 1−13）

要领：精神饱满，目视前方。

图 1−13

第一式　请拳起势

动作一：右脚向右横开一步成右过骱马，

身体右转；同时，双手掌收回至双腋下，掌心朝上，目视前方。然后，身体向左旋转成四平马步；双手掌向前下方 45° 插出，掌心斜向下，指尖稍微内扣；目视前方。（图 1-14、图 1-15）

图 1-14

图 1-15

动作二：身体右转成右过骱马；同时，双掌握拳收回至双腋下，拳心朝上，目视前方。（图 1-16）

动作三：身体向左旋转成四平马步；同时，双拳向前下方 45° 坠出，拳眼相对，拳面斜向下；目视前方。（图 1-17）

动作四：双手变掌，在胯前交叉；然后，上举过眉毛，划弧向两侧擒出，虎口朝前，掌心朝下；目视前方。（图 1-18）

图 1-16

图 1-17

图 1-18

动作五：身体右转成右过骱马；同时，双掌握拳收回至双腋下，拳心朝上。然后，左拳变掌；身体向左旋转成四平马步；左掌右拳向前推出，在胸前左下右上交叉重叠成请拳，拳心向上，肘关节弯曲；目视前方。（图 1–19 ~ 图 1–21）

图 1–19

图 1–20

图 1–21

动作六：右拳变掌，双掌向两侧分开，掌指与眉同高，与肩同宽，指尖朝上，掌心斜向上；目视前方。（图 1–22）

动作七：身体右转成右过骱马；双手掌收回至双腋下，掌心朝上；目视前方。（图 1–23）

图 1–22

图 1–23

图 1-24

动作八：身体向左旋转成四平马步；双掌向斜上方插出，掌心斜向上，掌指与眉同高时，双前臂即内旋沉腕下压至水平，掌指斜朝上，掌心斜朝前，沉肩坠肘，肘尖离腋下一拳距离。（图 1-24、图 1-25）

要领：起势动作相对缓慢，注意呼吸。

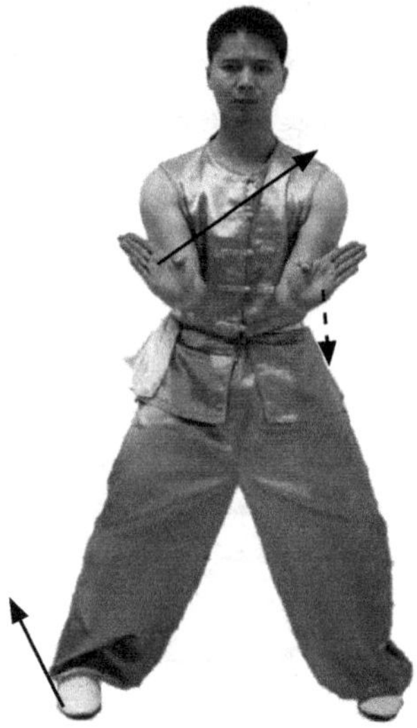

图 1-25

第二式　退马搓入

右手收于左肩前，掌心向外，左手收于左胯前，掌心向下。随即退右脚成左三站马步；同时，右手掌心向下压，左手掌心朝上托，双手握拳抓紧，起曲臂搓入；身体略左转，目视前方。（图 1-26、图 1-27）

要领：双手搓入要快，以腰力旋转扭入。

图 1-26

图 1-27

第三式　进双平拳

图 1–28

𦣉左脚成左三战马步；同时，双拳向前贯出，与肩同高，双拳间隔两个拳头，拳面向前，拳眼相对。（图 1–28）

要领：双平拳要和进马步同时完成。

第四式　𦣉马擒挣

𦣉左脚成左三战马步；同时，左手经胯前划弧过眉毛擒出，高与肩齐，肘关节内扣，掌心向下，虎口向前，右拳外旋收至腋旁。进右脚成右三战马步；右拳向前挣出，拳面朝前，拳心朝下；左掌外旋握拳，收至腋旁。马步不动，右拳收回腋下，左拳向前挣出，拳面朝前，拳心朝下。（图 1–29~ 图 1–31）

要领：力由足生，身体中正，拳打身体中心点。

图 1–29

图 1–30

图 1–31

第五式　𦣉马打节

𦣉右脚成右三战马步；同时，右臂屈肘向前击出，肘尖向前，左拳变掌护于右腕处。（图 1–32）

要领：拧腰转身要快。

图 1-32

第六式　随手开下

马步不动；右拳变掌，向前开出，略低于肩，左掌握拳收回腋下。（图 1-33）

要领：开掌发力要快，力达掌刀。

图 1-33

第七式　挑掌拂肚

进左脚成左三战马步，同时左手挑；随即进右脚成右丁字马，双掌变成挡掌由身前交叉绕手，向前挡出，高与腰平。（图 1–34 ~ 图 1–37）

要领：交叉绕手由下往上绕。

图 1–34

图 1–35

图 1–36

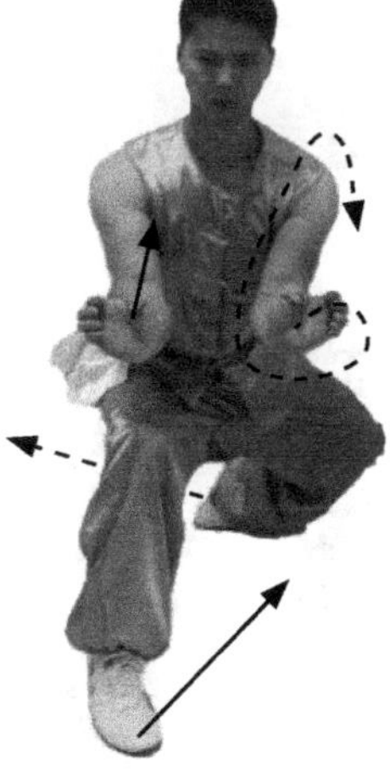

图 1–37

第八式　转身啄盖

右脚收回转扣在左脚前面，右手握拳收回腋下，身体左转 180°；进左脚成左三战马步，左掌由下往上划弧向前啄出，指尖朝下。然后，左掌由上往下划弧经胯前向上绕起成盖掌，掌心朝前，掌指向上。（图 1–38、图 1–39，图 1–38 附图、图 1–39 附图）

要领：啄、盖两个动作一气呵成，力点清楚。

图 1–38

图 1–38 附图

图 1–39

图 1–39 附图

第九式　跕马鞭拳

左脚向左前方移动半步，右脚跟步；右拳外旋举起置于右耳旁，拳心朝外，左掌握拳收至腋下。不停，右拳内旋向上、向前鞭出，高与鼻尖齐。（图 1-40、图 1-41，图 1-40 附图、图 4-41 附图）

要领：鞭拳应如同皮鞭一样抽出。

图 1-40

图 1-40 附图

图 1-41

图 1-41 附图

第十式　进马抱捭

进右脚成右三战马步；右拳变掌由上向下划弧经面部到小腹左侧停止，左拳变掌停于左腋下，掌指朝上，掌心朝前。然后，身体右转；双掌同时向前抱捭推出，掌心朝前，左掌掌指朝上，右掌掌指朝下，两掌根相距 20 厘米。（图 1−42、图 1−43，图 1−42 附图、图 1−43 附图）

要领：拧腰发力，力点清楚。

图 1−42

图 1−42 附图

图 1−43

图 1−43 附图

第十一式　蹀马搓踢

进左脚成左三战马步；左掌向下抠出。上动不停，进右脚成右三战马步；右掌斜出在上，左掌虎口张开附于右前臂下方，朝前狮子开口搓。身体左转，双掌握拳向左搓入。重心落于左腿，右腿提膝向前弹踢，高不过腰。（图 1–44 ~ 图 1–48，图 1–44 附图 ~ 图 1–48 附图）

要领：蹀马手脚配合协调，脚到手到。

图 1–44

图 1–44 附图

图 1–45

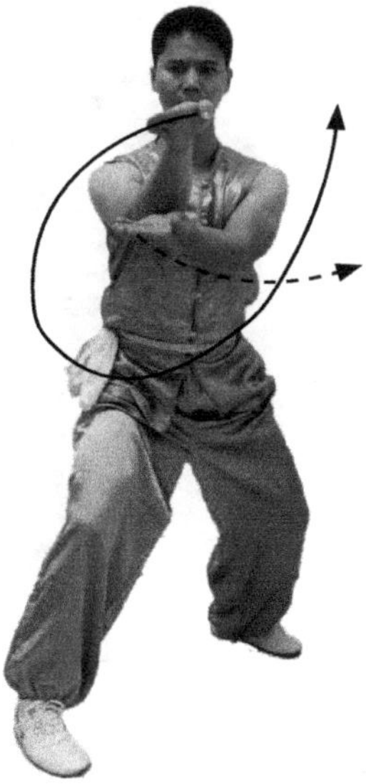

图 1–45 附图

图 1-46

图 1-46 附图

图 1-47

图 1-47 附图

图 1-48

图 1-48 附图

第十二式　跍马双弹

落右脚成右三战马步，身体略左转；同时，双掌右上左下重叠收至左腋前，掌心向下。上动不停，拧腰发力；双掌交叉向前弹出，掌心朝下，双掌上下间距为一拳。（图 1-49、图 1-50，图 1-49 附图、图 1-50 附图）

要领：跍马和双弹同时完成，脚到手到。

图 1-49

图 1-49 附图

图 1-50

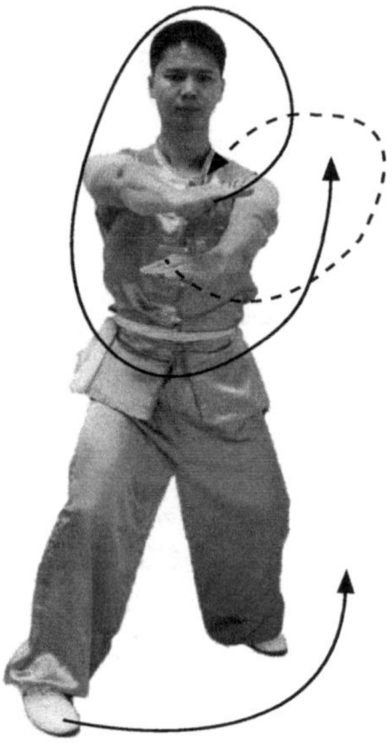

图 1-50 附图

第十三式　转身开弓

右脚向左进一步，向左转身成右弓步；同时，双手收回，左上右下重叠于胸前，左手为掌，右手握拳，左臂由屈变直开出，力达掌刀，右臂屈肘向右击出。（图 1-51、图 1-52，图 1-52 附图）

要领：双手同时发力，形成对拉动作。

图 1-51

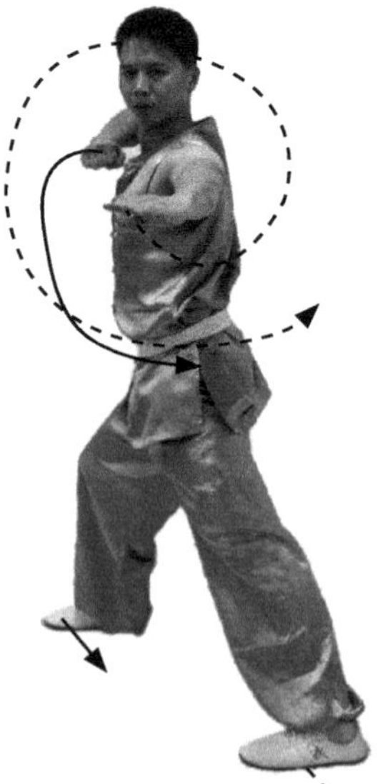

图 1-52

图 1-52 附图

第十四式　旮马抠摇

身体略左转，进左脚成左三战马步；同时，左手经面前划弧向左抠，右拳变掌向前摇出。（图 1–53）

要领：拧腰转马，双手一攻一防，同时发力。

图 1–53

第十五式　进马擒掌

进右脚成右三战马步；同时，左掌握拳收于腋下，右手经胯前划弧过眉毛擒出，高与肩齐，肘关节内扣，掌心向下，虎口向前。（图 1–54）

要领：手掌划弧要自然，配合进马，手到脚到。

图 1–54

第十六式　桂英割挡

左拳变掌上举经面前划弧至右耳边，向前方割出，高与颈平，掌心向下，掌指朝前，右掌握拳收回腋下；同时，右脚收回点于左脚旁。上动不停，左掌握拳收于腋下，右拳变挡掌向前挡出，高与胸齐；同时，右脚向后绊扫。（图 1–55 ~ 图 1–57）

要领：手部割挡动作和脚下绊扫动作要同步进行。

图 1–55

图 1–56

图 1–57

第十七式　挑破朝阳

动作一：左脚向前一步成左三战马步，左拳变掌向左挑出，掌心向内，高与眉齐，右掌握拳收回腋下。然后，左脚退后一步，右脚向前一步成右三战马步；右拳变立掌向前反劈，指尖朝上，掌心朝左，左掌变拳收回左腋下。（图 1–58、图 1–59，图 1–59 附图）

图 1–58

图 1–59

图 1–59 附图

动作二：左脚退后一步，右脚收回点在左脚前成架脚；双手收回腋下，掌心朝上。双脚不动，双掌成立掌向前推出，右掌在前，左掌护于右肘内侧成朝阳手。（图 1-60、图 1-61，图 1-61 附图）

要领：双手对正中线，右手中指尖高与鼻尖齐，左手略低。

图 1-60

图 1-61

图 1-61 附图

第十八式　双掭收势

右脚向右横开一步成右过骱马，身体右转，双掌变拳收回至双腋下，拳心朝上，目视前方。身体向左旋转成四平马步；双拳向前下方45° 掭出，拳面向下。然后，右脚收回至左脚旁边；双手握拳收于腋下，双拳变掌下垂立正。（图1-62～图1-65）

要领：精神饱满，目视前方。

图 1-62

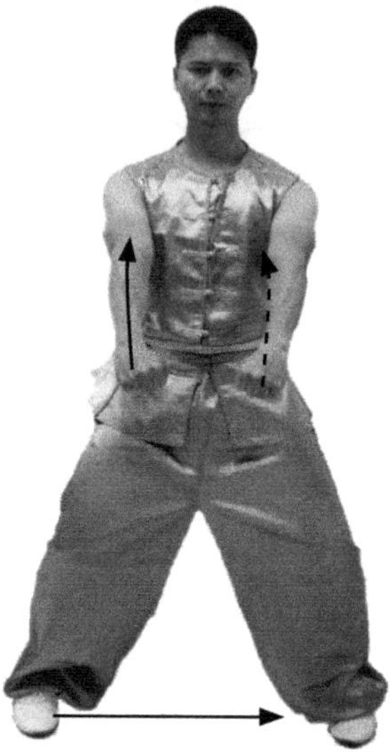

图 1-63

图 1-64

图 1-65

永春白鹤拳

第一章　永春白鹤拳概述

永春县古称桃源，位于福建省东南部闽南地区，地处晋江东、西溪上。雄伟的戴云山脉，南伸绵延全境，山清水秀，四季如春，故取名“永春”。历代以来，文修武备，人文荟萃，尤以武显。早在明朝，永春的技击术就闻名遐迩，《明史·卷九十一·兵志三》有“泉州永春人尚技击”的记载。

白鹤拳是福建名拳之一，明末清初，由杰出女性方七娘所创。白鹤拳与南派少林的太祖拳、达尊拳、行者拳（猴拳）、罗汉拳并行于世。它历史悠久，人才辈出，世代赓传，拳理精辟，技法丰富，广泛流传于国内及东南亚各国。

一、永春白鹤拳的源流

明末清初，杰出女性方七娘，幼承家学，得父少林之传，因在白练（莲）寺中礼佛时，得见白鹤灵动非凡，姿态奇异，感悟之余，精研不辍，乃糅合白鹤种种舞姿于少林拳法，几经揣摩衍化，创出别具一格的拳法广授生徒，并将此寺号为“教练寺”，以寓不忘。初谓“鹤法”，因是拳法，故世人亦称为“白鹤拳”。

清朝康熙（1661—1722）初年，方七娘随丈夫曾四返回永春故里，在永春西门外后庙辜厝设馆授艺，首传乐、王、林、蔡、邱、吴、许、康、周、颜、苏、张、辜、李、白、黄诸姓弟子 28 人，人称“二十八英俊”。曾四亦培养功夫出众的郑礼、辜喜、辜魁、乐杰、王打兴，他们被后人称为“前五虎”。康熙二十二年（1683）后，福建水师提督施琅，从台湾带来一位亦是“教练寺”传授的白鹤拳师白戒，回永春传授“寸劲节力”，使白鹤拳技更进一筹，并以此技传授功夫出众的林添、郑宠、郑畔、辜初、辜荣，他们被后人称为“后五虎”。因此，方七娘被尊奉为白鹤拳始祖，曾四被尊奉为“前永春名师”，白戒被尊奉为“后永春名师”。

从康熙至乾隆、嘉庆这百余年间，是白鹤拳发展和广泛流传的重要时期，白鹤拳的技术和理论大大地得到丰富和发展，成为一种攻防意识强、健身价值高、深为广大民众喜爱的拳法。这一时期学习白鹤拳的人数最多、范围最广、影响最大，使白鹤拳形成了具有永春人文地域特色的完整的技术理论体系。因白鹤拳历代拳家籍贯都是永春，故拳以地名，地以拳显，世人称为“永春白鹤拳”，或简称“白鹤拳”；

外地人则把传自永春的拳术统称为“永春拳”，沿用至今二百多年。

随后的道光、咸丰、同治、光绪近百年间（1821—1908），永春白鹤拳流传到福州地区，衍化成纵鹤、鸣鹤、飞鹤、食鹤、宿鹤五种风格各异的福州鹤拳系，其中鸣鹤拳传至琉球，成为著名的“唐手”，进而演变为“刚柔流空手道”；而流传至广东的则衍变成“咏（詠）春拳”（永春拳）。此外，还衍化成风格各异的分支流派，如斗鹤拳、游鹤拳、醉鹤拳、邱鹤拳、儒鹤拳、春桃鹤拳、太祖化鹤拳、长肢鹤拳、短肢鹤拳、双肢鹤拳、独脚鹤拳、缠脚鹤拳，而台湾则称为“揲子拳”或统称为“鹤拳”等。

民国时期是永春白鹤拳发展最昌盛的时期。1928 年永春选派潘世讽等十名拳师赴南京，参加第一届国术国考，载誉归来，创办“中央国术馆永春分馆”，开展各项馆务。1929 年应南洋爱国侨领陈嘉庚先生之邀，组成以潘世讽为主任的“中央国术馆闽南国术团”出访新加坡、马来西亚进行武术交流表演，历时一年，轰动东南亚；同时应海外侨胞要求，留下部分拳师在新加坡、马来西亚各地传播拳艺，在海外播下了白鹤拳的种子。这是我国历史上第一个民间武术团体的首次出访，开创了中华武术国际交流之先河。

中华人民共和国成立后，特别是改革开放以来，在福建省、市、县各级政府、领导的大力支持下，永春白鹤拳得到空前的大发展，迎来了新时代更美好的春天。

二、永春白鹤拳的风格特点

白鹤拳以鹤为形，以形命拳，取象于名，冠名表号，寓意深邃，富含文化底蕴。它虽具鹤形，但不是象形拳。其拳法结构严谨，攻防意识鲜明，手法短桥多变，步法走闪灵活，劲力饱满刚脆，拳势潇洒大方。习练时，似刚非刚、似柔非柔、刚柔相济，长短并用、快慢相间，以气催力、气沉丹田、发声吐气。在技法上，它最鲜明的特点是弹抖震颤劲力足，圆弧变化技手多，轻盈灵巧，形神兼备。

三、永春白鹤拳的拳理

（一）论气

练拳贵乎有气，要气聚丹田，三关发气，气势贯透，以气催力。

永春白鹤拳讲究内外合一，意与气合，气与力合，意气力浑然一体。要意守丹田，以意引气，以关发气，意到气到，气到力到，以气催力，以声助力，吐气生威，发声壮势。

它的调息呼吸法为腹式的逆呼吸法，即鼻吸口呼，吸气时小腹（丹田）提起，气冲丹田，呼气时小腹放松沉落，气沉丹田。要求“呼吸之声，必须从丹田发出”，“头项提正，胸庭献开，去路大条（呼吸通畅），中气开通，开倒（出手收手）出力，才不致受郁”。在呼吸时腹边力横收，丹田力提起坠落，练久即能提肠束气，内力随气而生，随意而发。

在进行“吞（收入）”“浮（上浮）”动作时吸气，进行“沉（下沉）”“吐（发出）”动作时呼气；在动作转换过程中，进行躲闪、进退的瞬间吸气，进行连续攻击的动作时自然闭气（聚气）；在运劲发招的瞬间呼气，发猛劲时以关节发气，吐气生成，以气催力，以声助力。

所谓的“内”，即指大脑思维的“意”和由先天之精化生水谷精微充养、自然界清气合化而来的“气”，意即意念思维，气即真气，乃玄元之“炁”，为一种只能领悟、不能眼见的无形物质。所谓的“外”，即指达于肌肤之“力”和发于瞬间之“劲”（爆发力）。力即固有的抗衡力，劲即饱满刚脆之活力。《白鹤拳家正法·开拳秘诀总论》曰：呼吸时气“乃心主宰，是头胆叫应”，要神静、气静、体静、安静，凝神聚气，排除外念，以意念引导气的运行，做到“其意守于丹田，其气发于丹田”。

（二）论势

练拳贵乎有势。势即步马架势、身体气势、动作规格，然后可以借势用法，而外御其侮，内练其功，此即所谓筋骨皮、精气神、势力功也。势法精熟，拆打随心，千门归于一路，万变不离其宗。

练势贵乎有本。本，即着力于基本功的训练。有势始能化法，必须势法相兼，方能克敌制胜。基本功即“战法”，基本功架为“体”，实战技法为“用”。大凡初学南派武功者，都非常重视“三战”步势的训练。

习练永春白鹤拳，“必以三战为先，端正为务，然后练其筋骨出力，手足相应”。它要求动作的动静来去、呼吸叫应、运气发劲，都要与全身各部位、进退各势法达到高度的协调一致。首先要头正颈直，下颌内收，身体上下平正顺直，眼力左右随视观顾。然后出手筋节和顺，脉络贯通，势力沉推，灵活运用。不能紧张乱用僵力，使气力停滞涨憋，无法与身腰胯脚互相叫应，而造成上部涨滞、下部空虚，差阴阳失子午，露破绽现空门的败势。

归纳起来，有四种头身手脚力势法度必须加以强调。

1. 头颈提正

头为一身之主，一身要归于端正，斯文一体，子午捧定，凝神聚气。要求头顶天平（前额）上顶硬正，下颌内收，面对前方，牙关放宽，眼观手尾，气随手出，眼神藏守，四面观瞻，耳能闻风，八方谛听，下颌直坠顶力向上聚于百会，头有如顶载石磨直力向上之意念。

2. 胸部献开、两肩沉落

胸部要挺起献开，口内舌尖抵在上腭处。咽喉、丹田之气提起，与小腹连成一条畅通气道，有利于呼吸和发力。两肩要向后展开沉落，背后两肩胛骨向脊椎骨后收裹紧，要有盖护膏肓穴之意，两肩要有承载千斤重力之势态。脑后大椎骨要沉落，由上而下直行插串，尾椎骨收束敛合。身腰前之膀胱要提，气力聚于丹田，全身不能倾斜摇动，腰肌与背肌裹紧，形成一个整体。练而久之，自然能悟出道理，就能提裆束气，前起后落，互相叫应，做到“提膀胱、起丹田、献八卦，落大椎、插腰力、推尾椎”，自有气势雄浑沉推如虎之势。

3. 两脚成“不丁不八”之状

两脚承载全身之力，为全身之根基，力量之源泉。在基本功训练中，要求以“不丁不八”的中盘马势为主，即“前三后七马”。后脚上直下曲，载身坐住后脚，承载全身重量十分之七；前脚上屈下直如犁头之正朝向前方，承载全身重量十分之三，两膝头应朝前，不可屈入开出。出脚马时关节放松，自然而出，做到“出脚身不觉”；脚一着地，五趾随之贴紧地面，两脚之前跖与后跟落力贴地拧紧，即“四点金落地”，两脚掌心涌泉穴就会随之贴地，使重心降低，此时有应力（回力）推起，与胯部落力呼应。两腿内侧肌束向上收提，向后裹紧，外侧肌束配合向后裹紧而向下沉落，此时脚马力势上提，身腰力势沉落，其势久练，即如落地生根一样稳固。全身乘势发力，手动而脚进，脚进而手动，起落叫应，手脚协调。“如手动而脚不进则无力，脚进而手不动则无势，无力不能伤人，无势反被人伤”，这是手脚相应其势不可有所差失之道理。

4. 两手用“昭阳”之势

两臂各分有三节。肩关节为上节，肘关节为中节，腕关节为尾节。肩关节以下至肘关节以上为内节，肘关节以下至腕关节以上为外节（亦称“桥手”），腕关节以下至五指尖为梢节。

上节要求沉肩，中节要求吞坠，尾节要求灵活，有如“猛虎擒猪、蛟龙戏水”之势。内节要求练得硬如铁；外节要求练得软如棉，变化灵活；梢节要求练得像糖似胶如泥一样，一粘即着，如“猛虎洗爪”一样钳抓有力，五个手指在着势时要像铁条一般坚硬。

内外尾三节之肩髃、肘凹、合谷三穴称三池部位，亦称三井，要顶天向上，即所谓“井井朝天”“三壑朝对”。以关节为门户，以手指为枝叶，两手掌心朝阳，阴阳互换，以昭阳手为势，借势化法，无论一手还是两手，要能做出上、下、左、右、出、入六种变化之攻防动作，即“六门”。

出手要如刀刃之锋利，能断筋碎骨，拳掌入肉，指肘窜心。出手时要如“弓弩射箭、铳弹出口”之快速，来去无影。左手接敌，右手策应，右手接敌，左手策应，如“父子相随”之状。要遇到空门则过，遇到破绽则入，一切均要遵循从“子午”中线而变化。两手一动，便要一齐用气发力，“气顺不带火（停滞），化气自然而出”。手节接承全身各处之力，与脚掌心和手掌心互相叫应贯连。这样对敌接手，就如鸿毛之轻，假如用力不齐，勉强而为，对敌就如泰山之重。

（三）论劲

练拳贵乎有力，尤贵乎有劲。劲者乃离心力、螺旋力、震颤力、弹抖力、甩掷力、弹击力、穿透力等之合力总谓。

永春白鹤拳最讲究“寸劲节力”，认为它是一种心法升华。所谓“寸”者，不满尺也，即短劲。劲有长短之分，又有明暗之别。长劲明劲乃显现于体外，属刚，明显可见；短劲暗劲乃穿透于体内，属柔，触及始觉。刚之明劲练至精熟，可随时顺势柔化施放而发，在极小范围内于瞬间转化为速度快的暗劲，外人虽未之觉，而他人已受之深，这就是拳家崇尚柔化、追求寸劲奥秘之道理。

练拳时一招一式，循规蹈矩，身体步法，势达力串；一拳一脚，顺理成章，劲力饱满，气贯神连。练至行云流水，随心所欲，可以使劲蓄于身腰，发于臂手，达于腿脚，触于肌肤，以至于随时随地瞬间发出。

短劲暗劲是长劲明劲由刚入柔臻化之结果。习练时形神意气兼有，舒展自然大方，进退有度，起落得宜，一由心意主宰，劲发骤然，气不上浮，形不外露，气到劲到，入心窜骨。

寸劲节力为永春白鹤拳之最终追求，能掌握领悟劲力之应用，可收事半功倍的效果，使劲力发挥到极致。

第二章　永春白鹤拳基本技术

永春白鹤拳技法丰富，常用掌、爪、腕、指、拳、肘，兼用腿法、跌法。手法短桥多变，步法圆润灵活，劲力饱满，拳势潇洒，轻盈灵活，形神兼备。

一、手型

（一）平拳（箭拳）

四指并拢握紧，拇指紧扣在食指和中指的第二指节，拳背和前臂成一直线。（图 2–1）

要领：拳要握紧，拳面要平，力点在拳面。亦称“箭拳”。

图 2–1

（二）点金拳

食指、中指、无名指、小指四指并拢握紧，拇指紧扣在食指和中指的第二指节，手腕向拇指一侧扣压，使四指的第二指关节凸出，拳面朝向前方。（图 2–2）

要领：拳要握紧，屈腕内扣，使四指的第二指关节凸出，作为击打的力点。这四个凸出的指关节称为手上的四点金，故称此拳为“点金拳”。此为永春白鹤拳的特有拳型。

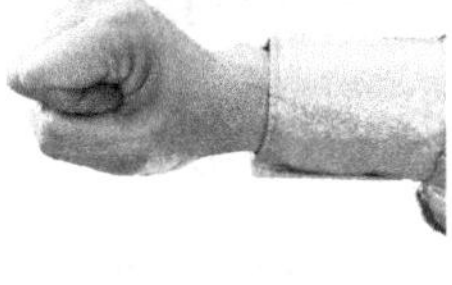

图 2–2

（三）鹤翅掌

四指自然伸直，微微分开向后背伸，拇指屈曲内扣。（图 2–3）

要领：拇指紧扣，沉腕挑掌，力达掌外沿。

图 2–3

（四）鹤头掌

拇指关节屈曲内扣，虎口张开，其余四指伸直自然分开，指尖斜朝前方，屈腕内收，掌心微凹，腕关节背侧向上凸出顶起，因掌似鹤头，故称鹤头掌，俗称“起鹤头”。（图 2–4、图 2–4 附图）

要领：手腕关节内收，肘部下沉，便于顶腕发劲。

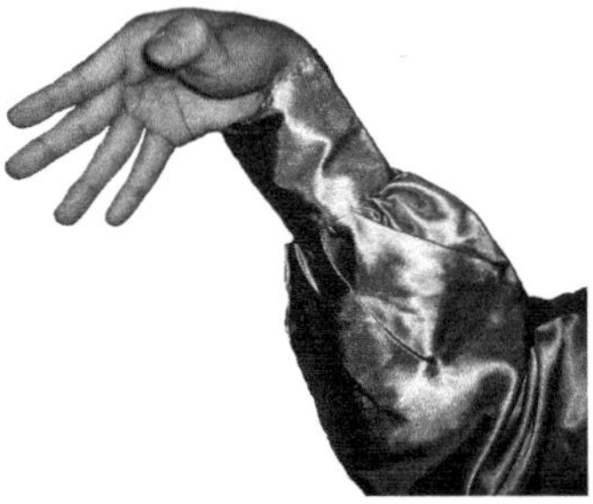

图 2–4

图 2–4 附图

（五）鹤爪

五指自然分开，拇指内扣，其余四指第一、第二指关节屈曲内扣，掌心微凹，塌腕。（图 2–5）

要领：五指屈卷似鹤爪，塌腕，力达五指。

图 2–5

（六）虎爪

五指尽量张开，拇指内扣，其余四指第一、第二指关节屈曲内扣，掌心外凸，塌腕。（图 2–6）

要领：五指紧扣，力达五指。该爪与鹤爪不同之处在于，鹤爪掌心内凹，爪型较小；而虎爪掌心外凸、外撑，五指尽量张开。

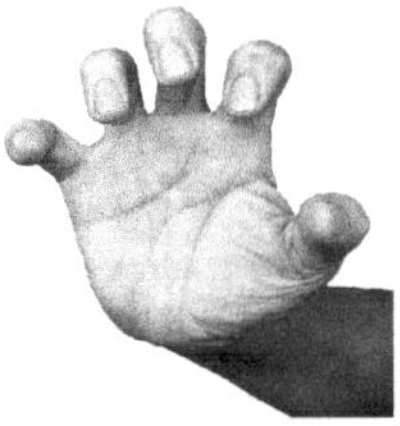

图 2–6

（七）单枝（点穴指）

中指、无名指、小指弯曲，食指伸直，紧贴在中指末节横纹处，拇指屈曲内扣。（图 2–7）

要领：食指需紧贴中指，以增强食指的

图 2–7

力量，力达食指端。单枝手主要是点击对方身体的重要穴位，故又称点穴指。

（八）双枝（剑指手）

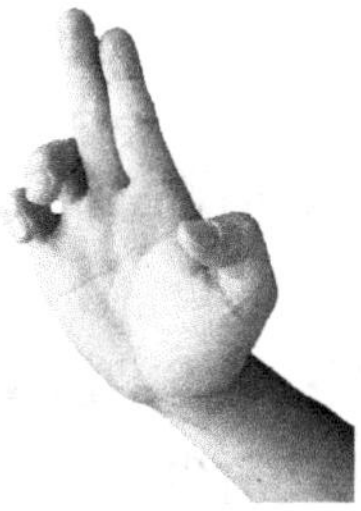

图 2-8

食指与中指并紧伸直，拇指屈曲内扣，无名指与小指弯曲。（图 2-8）

要领：食指与中指要并紧，形成一个整体，以增强两指点击的力量，力达指端。

（九）鹤嘴勾

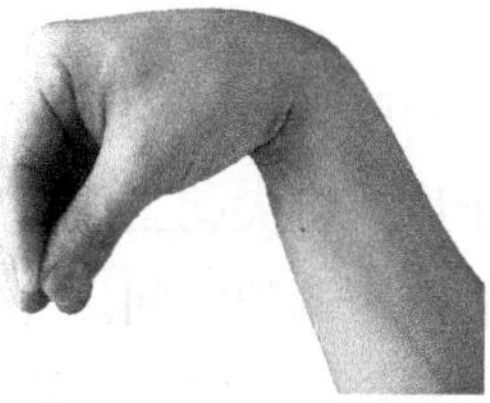

图 2-9

五指指尖撮拢，屈腕。（图 2-9 ）

要领：尽量屈腕，力达指端。以勾尖啄击对方的穴位或软组织，以勾顶撞击对方下颌等部位。

（十）鹤翅勾

拇指内扣，其余四指伸直并拢，掌心微内凹，屈腕。（图 2-10 ）

要领：腕背要顶，四指并拢，力达指端。可插击对方的太阳穴、胸、肋等部位，亦可勾挂和化解对方来势。

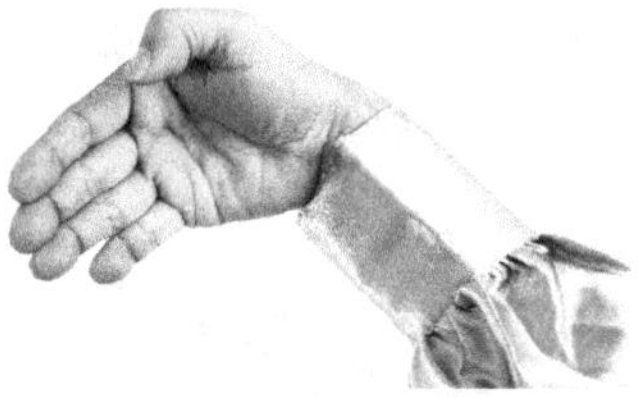

图 2-10

二、肘型

（一）平肘

图 2-11

上臂、前臂平行弯曲成横肘，使肘尖凸出。（图 2-11 ）

要领：上臂、前臂用力盘紧，肘尖要凸出，力达肘尖。

（二）竖肘

上臂、前臂上下弯曲成竖肘，使肘尖凸出。（图 2–12）

要领：上臂、前臂要用力盘紧，肘尖要凸出，力达肘尖。

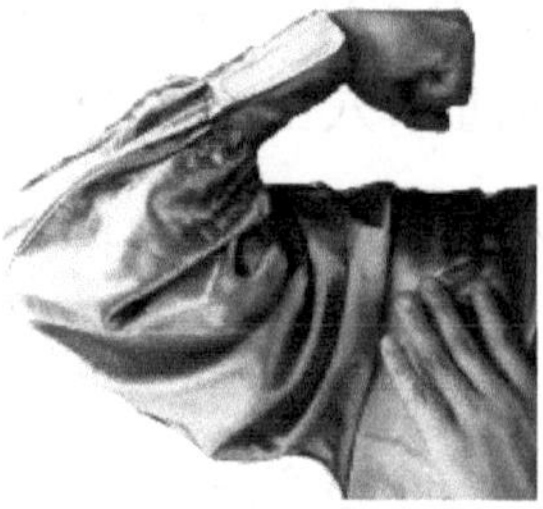

图 2–12

三、步型

（一）平马

两脚平行开立，约为本人的两个脚掌长或稍宽于肩，脚尖朝正前方，两膝微屈或半蹲，身体重心落于两腿之间。（图 2–13）

要领：两脚在一条线上，头正、颈直、微含胸、敛臀、收腹。两脚后跟和脚前跖着地，俗称“四点金落地”。

图 2–13

（二）四平马

两脚平行开立，两脚间距约为本人的三个脚掌长，脚尖朝正前方，屈膝半蹲，大腿与小腿之间的夹角约为 135° ，身体重心落于两腿之间。（图 2–14）

要领：两脚在一条线上，头正、颈直、微含胸、敛臀、收腹。两脚后跟和脚前跖着地，俗称“四点金落地”。

图 2–14

（三）不丁不八马

两腿屈膝半蹲，两脚前后开立，两脚前后相距约两个脚掌长，前脚与后脚横向距离约一个脚掌长。前脚尖朝前或稍内扣，后脚尖外展 30° ~ 45° ，身体重心落于后腿，即前腿三分后腿七分，俗称“三七马”，亦即“三战马步”。（图 2–15、图 2–15 附图）

要领：此为永春白鹤拳最为常用的步型。前腿小腿与地面接近垂直，大腿弯曲约 135° ，后腿大腿接近垂直，大小腿之间形成约 150° 的夹角。白鹤拳古谱中要求：前脚上屈下直，后脚上直下屈。要求两脚前顶后撑，用力下踩，两腿膝盖朝前，敛臀、收腹、塌腰。

图 2–15

图 2–15 附图

（四）仆步（扫翅步）

两腿左右分开，一腿屈膝下蹲，膝部与脚尖外展；另一腿伸直，脚尖内扣。仆左腿为左仆步，仆右腿为右仆步。（图 2–16）

要领：白鹤拳的仆步（扫翅步）与长拳的横裆步相似。两脚掌均须着地，一腿全蹲，另一腿伸直，同时要与身法配合。

图 2–16

（五）虚步（寄步）

后腿弯曲，大小腿夹角约为 135° ，身体重心落于后腿，前腿在身前弯曲，以

脚尖虚点地面。(图 2-17)

要领：前后腿虚实要分明，上体要正直，不能前俯后仰。

图 2-17

（六）独立步

一腿独立支撑，膝关节微屈；另一腿提膝，脚面绷紧内扣。(图 2-18)

要领：独立步为永春白鹤拳防中带攻的步型。要求单脚五趾抓地，保持重心平稳；提膝腿要高于水平。该步进退灵活，攻可弹、蹬、铲、撞等腿击，退可换步抽身。

图 2-18

四、手法

（一）冲拳

拳从腰间向前击出，接近目标时前臂迅速内旋，使拳心向下，力达拳面。

如拳型为覆拳（点金拳），则要求力达拳面。(图 2-19)

仰拳的方法与覆拳同，唯出拳后拳心朝上，力达拳面。(图 2-20)

立拳的方法与仰拳同，唯出拳后拳眼朝上，力达拳面。(图 2-21)

要领：握拳要紧，出拳要快，接近目标时拳要迅速内旋或外旋，使之产生钻劲。

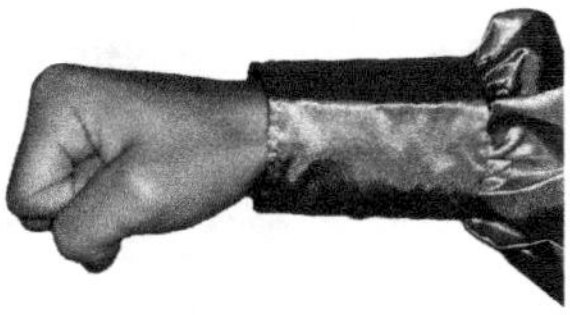

图 2-19

图 2-20

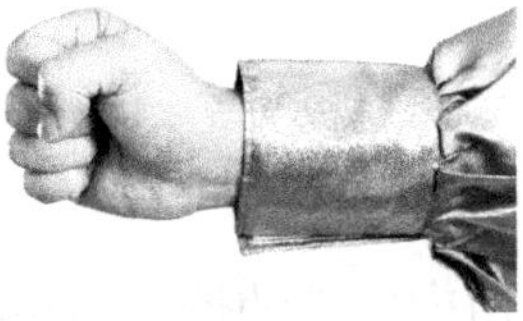

图 2-21

（二）打鼓拳（流星锤）

两手握拳，由上依次经脸部向下擂打。（图 2-22、图 2-23）

要领：两臂松活，速度要快，力达拳轮。如两手为掌先后由上向下劈打，称打鼓手。

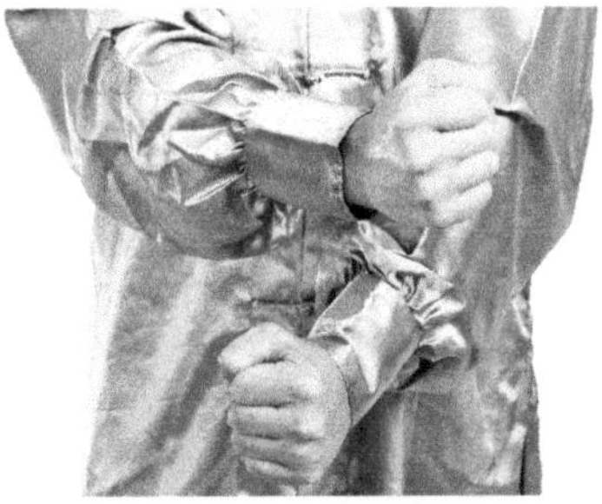

图 2-22

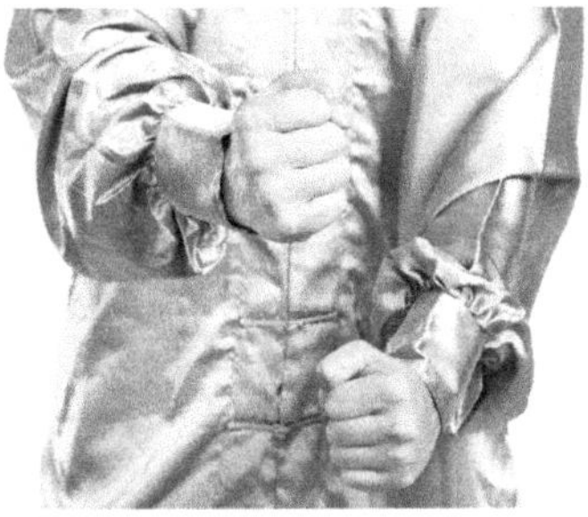

图 2-23

（三）弹拳、弹掌（虾蛄弹）

两手握拳，左下右上（或右下左上），由胸腹前向前或前下方弹击。拳心朝下，肘部弯曲，力达拳轮。（图 2-24）

或两掌心向下，由胸腹前向前或前下方弹击，掌指相距约 10 厘米，肘部弯曲，力达掌外沿。（图 2-25）

要领：弹拳时须以腰背发力，两拳快速向前弹击，两拳上下相距约 10 厘米，力达拳轮；弹掌时两掌并行，掌心朝下，力由腰发，须有弹抖劲。

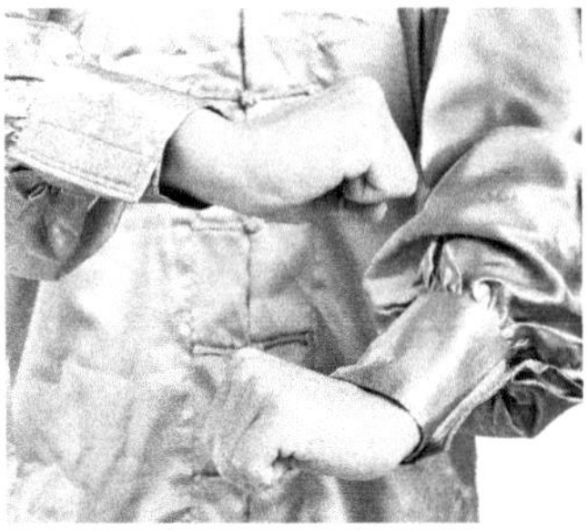

图 2-24

图 2-25

（四）单插掌

四指并拢，拇指紧扣成鹤翅掌，由内向外伸插，力达掌指。

掌心朝左（右）称竖插掌或竖镖手。（图 2-26）

掌心朝上称仰插掌或阳镖手（笑手）。（图 2-27）

掌心朝下称覆插掌或阴镖手（覆手）。（图 2-28）

要领：插掌须快速有力，手腕要撑住劲，力达掌指。

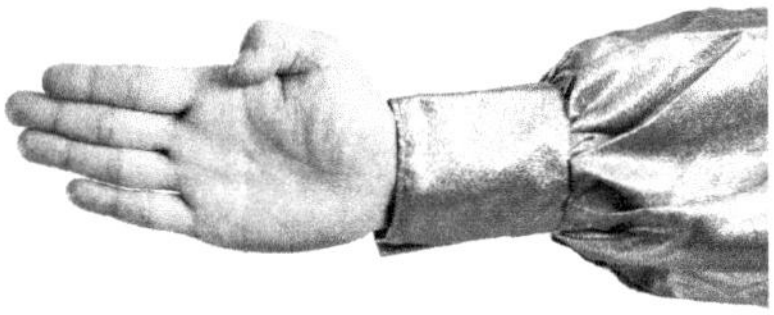

图 2-26

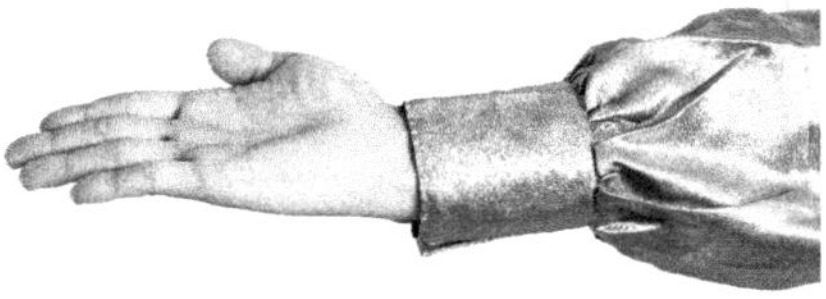

图 2-27

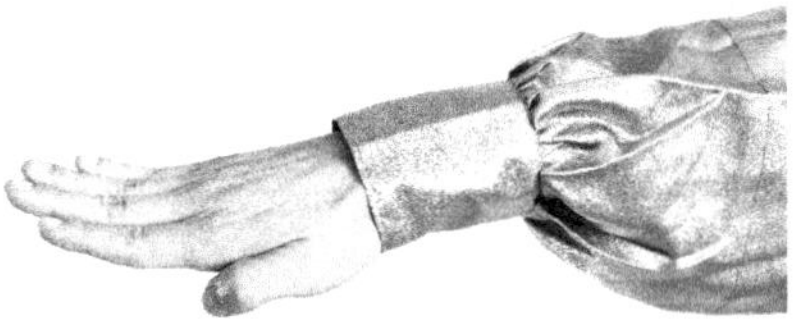

图 2-28

（五）双插掌

双掌同时向前插出，掌距约 20 厘米，力达掌指。

掌心朝左右为竖插掌。（图 2-29）

掌心朝上为仰插掌。（图 2-30）

掌心朝下为覆插掌。（图 2-31）

要领：双掌插出须同时、快速有力。掌指朝前为竖平插掌，掌指朝上为上插掌，掌心朝下为覆平插掌。主要插击对方胸部或腹部。手腕要撑住劲，力达掌指。

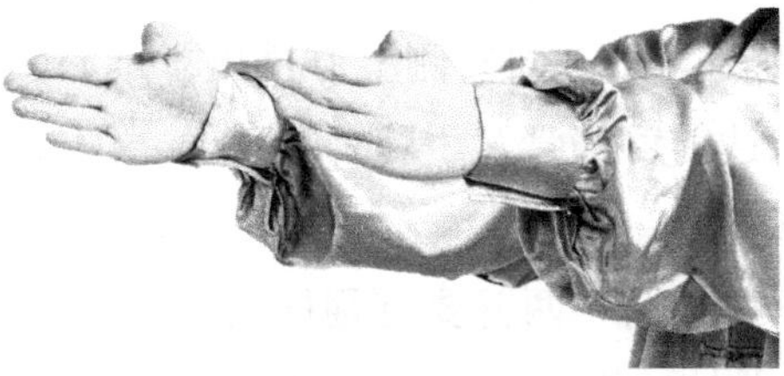

图 2-29

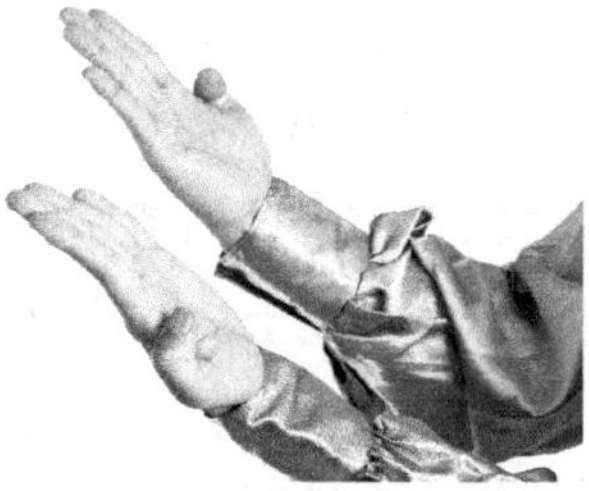

图 2-30

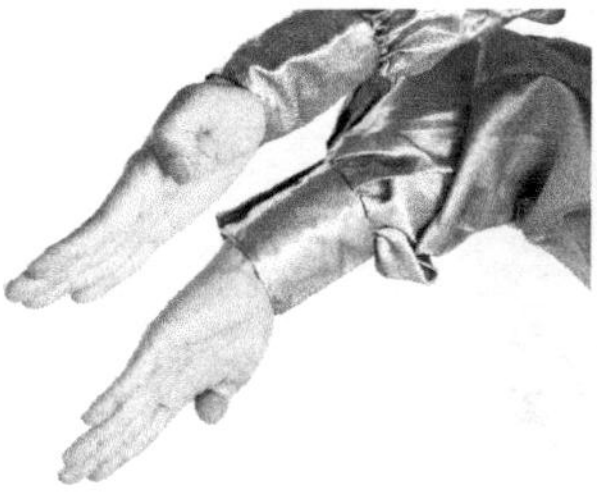

图 2-31

（六）劈掌

手掌（鹤翅掌）由上向下劈击，力达掌外沿。（图 2-32）

要领：劈击速度要快，手腕、手掌均须着力，力达掌外沿。主要劈击对方脸部、肩部或手臂等部位。

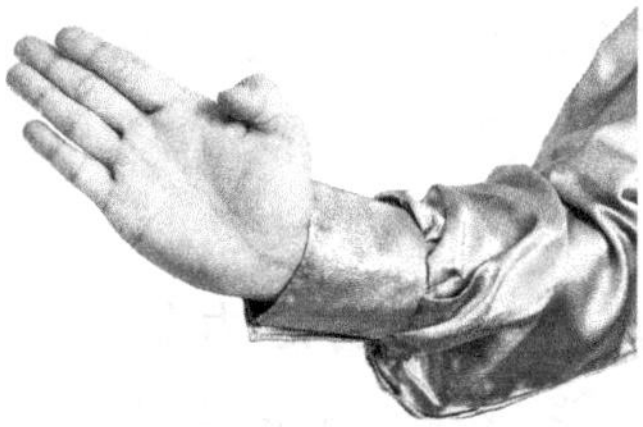

（右）

（左）

图 2-32

（七）砍掌

手掌由上向斜下方快速用力为砍，力达掌外沿。（图 2-33）

要领：手腕、手掌均须着力，砍掌速度要快，力达掌外沿。主要砍击对方面部两侧、颈部、肋部或手臂等部位。如两手先后由左向右、

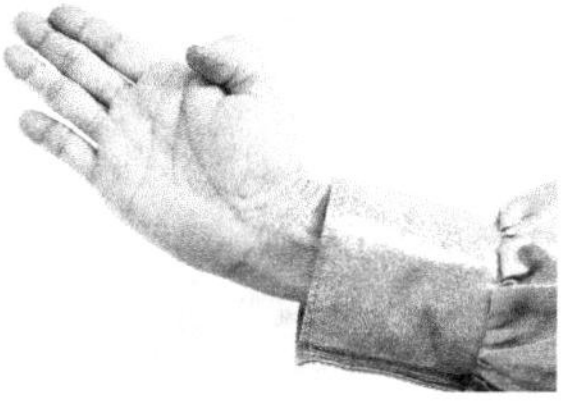

图 2-33

由上向下或由右向左、由上向下交叉砍掌称为十字砍打。

（八）挑掌（一枝梅花）

左手外旋，使掌心朝上，向右微平摆；同时，右掌内旋使掌心朝下，从左前臂下向前外旋穿出，使掌心朝上，以桡骨侧为力点，向右侧上方挑出，掌心斜向上，手指斜朝右前方成右挑掌，高与肩平，力达前臂桡骨及手腕；左手随之内旋收于右肘内侧，掌指朝上。左挑掌亦同，唯动作相反。（图 2–34）

要领： 挑掌时，两手配合要协调，不得松懈。两臂要有翻拧劲。为典型的防中带攻动作，在挑开对手技手之后，顺势以单枝（指）手点击对方要穴。

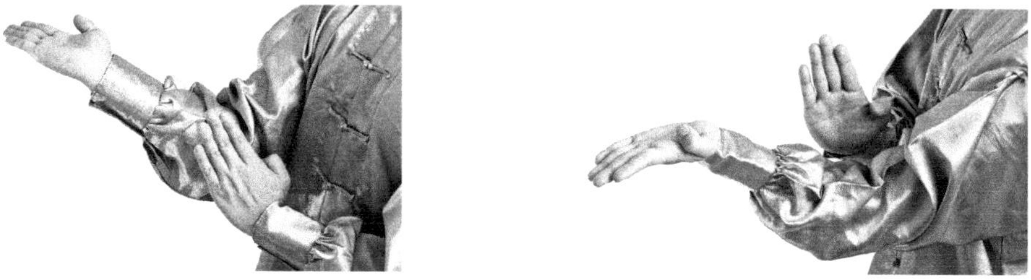

（右）　　（左）

图 2–34

五、肘法

（一）顶肘

右手握拳，肘部弯曲叠紧，肩部由屈到伸，使肘部向前顶出，力达肘尖。顶肘时上、前臂平行称平顶肘，上、前臂朝上下称竖顶肘。肘尖朝上称上顶肘，肘尖朝下称下砸肘。（图 2–35、图 2–36）

要领： 顶肘时要配合步法、腰部、肩部力量，将全身之力集中在肘尖上。由于肘部的击点小，力点集中，因而威力极大。拳谚有“宁挨十拳，不挨一肘”之说。

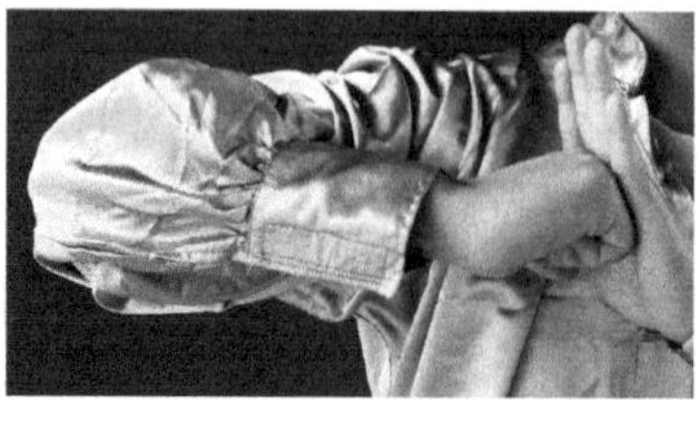

图 2–35

图 2–36

（二）双撞肘（展翼肘）

两手握拳，拳心向下，上、前臂弯曲成平肘。以两肘尖为力点，向左右两侧展胸撞击。（图 2–37）

要领：上、前臂要夹紧，撞肘时要借助拧腰、展胛发出弹抖之劲，力达肘尖。

图 2–37

六、腿法

（一）弹腿

支撑腿直立或稍屈，摆动腿由屈到伸向前弹出，高不过腰，膝部挺直，脚面绷紧，力达脚尖。（图 2–38、图 2–39）

要领：支撑腿必须站稳，摆动腿弹出时要脆快有力，力达脚尖。该腿法主要是弹击对方的阴部和腹部。

图 2–38

图 2–39

（二）后蹬腿（白马悬蹄）

支撑腿直立站稳，另一腿由屈到伸向后方猛烈蹬出，脚尖勾起，力达脚跟，大小腿与水平同高。（图 2-40）

要领：向后蹬腿要快速猛烈，力点集中在脚跟上；同时上体向前俯倾，以维持身体平衡，使后蹬腿发出最大的力量。

图 2-40

第三章　永春白鹤拳套路动作详解

本套永春白鹤拳“白鹤展翅”套路，是撷取永春白鹤拳的经典动作创编而成的，是一个以形取意、以象命名、深含文化积淀的套路。它保留了传统永春白鹤拳的风格特点，突出了具有典型代表性的、风格独特的画眉踏架、蝴蝶双飞、白鹤独立、狗子颤水、风卷残云、白马悬蹄、猫儿洗脸、秋风扫地、青龙滚水、白鹤搧胛、白鹤展翅、白鹤抖翎等动作及发声吐气。其结构清晰严谨，攻防意识鲜明，弹震劲力足，手法变化多，遵循子午中正、吞吐浮沉、刚柔相济、斜侧开合的原则，动作工整有序，神气流畅，舒展大方，飘逸清新。本套路短小精悍，易于掌握，便于推广。

一、动作名称

预备势

请拳起势

第一段

第一式　观音叠座　　第四式　白鹤独立

第二式　画眉踏架　　第五式　狗子颤水

第三式　蝴蝶双飞　　第六式　风卷残云

第二段

第七式　白马悬蹄　　第十式　关公射箭

第八式　猫儿洗脸　　第十一式　秋风扫地

第九式　白鹤冲天　　第十二式　流星赶月

第三段

第十三式　青龙出水　　第十六式　双龙抢珠

第十四式　霸王三箭　　第十七式　白鹤搧胛

第十五式　青龙滚水　　第十八式　黄牛洗角

第四段

第十九式　白鹤颤翅　　第二十式　白鹤展翅

二、动作图解

预备势

并步站立，两手垂于大腿外侧；头正颈直，下颌微收，目视前方。（图 2-41）

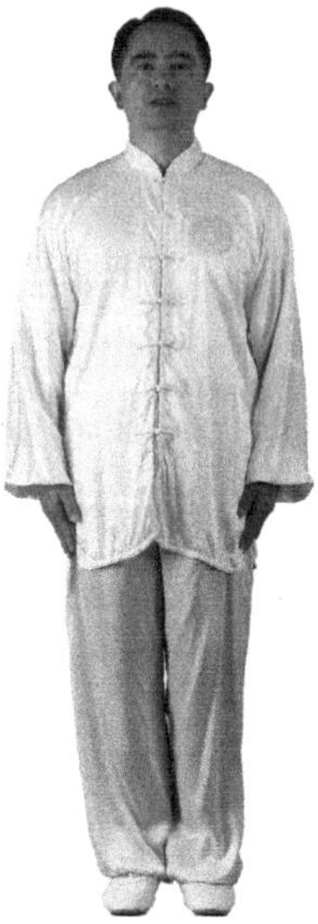

图 2-41

请拳起势

左脚向前迈出一步，右脚随即向前迈出一步，脚尖点地，左腿屈膝半蹲成右虚步，成“白鹤寄脚”；同时，两手向左胸前提起，左手成掌，右手成拳，右拳面抵住左掌心；然后，两手同时向胸前推出，左掌掌指朝上，右拳拳心朝下，两臂弧形撑圆，成“将军挂印”；目视前方。（图 2-42 ~ 图 2-44）

要领：身要正，气要沉，两腿虚实要分明。

图 2-42

图 2-43

图 2-44

第一段

第一式　观音叠座

动作一：右脚后退半步，与左脚成平马步；同时，两手收至胸两侧变鹤爪掌，掌心向上，随即双手内旋翻转，紧贴肋部向下按压于胯前，掌心向下，成“半月沉江”；目视前方。（图 2–45、图 2–46）

图 2–45

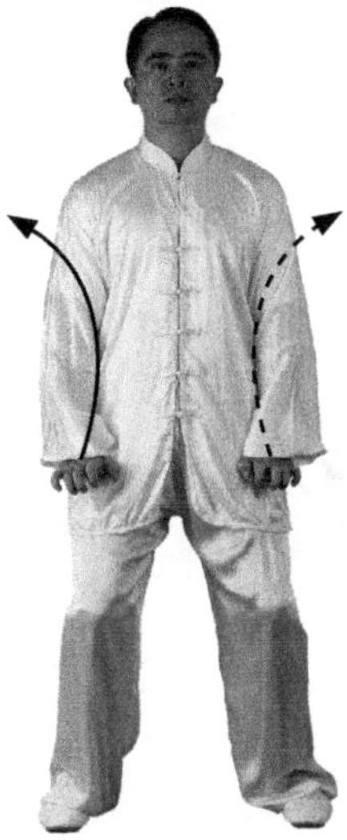

图 2–46

动作二：两手由鹤爪掌变鹤翅掌，同时向两肩前托起，掌心向上，两肘内夹，肘尖与胸齐，距离胸部约一拳，成“孩儿捧花”；目视前方。（图 2–47）

图 2–47

动作三：两手内旋向下沉腕，掌心斜向前，成“双枝昭阳”；目视前方。（图 2–48）

动作四：左掌外旋，右掌内旋，两掌背交叉，左掌叠于右腕之上，于左胸前向中、向下划弧压掌，左掌在内，右掌在外，掌心斜朝两侧，成“观音叠座”；目视前方。（图 2–49、图 2–50）

要领：①按压两掌时，要发出螺旋劲。②两掌托起时，要形成往上托、往前推的合力。③沉腕时要力达掌根。④叠掌下压时两掌背要相靠，腕力下沉，气沉丹田，神闲气静。

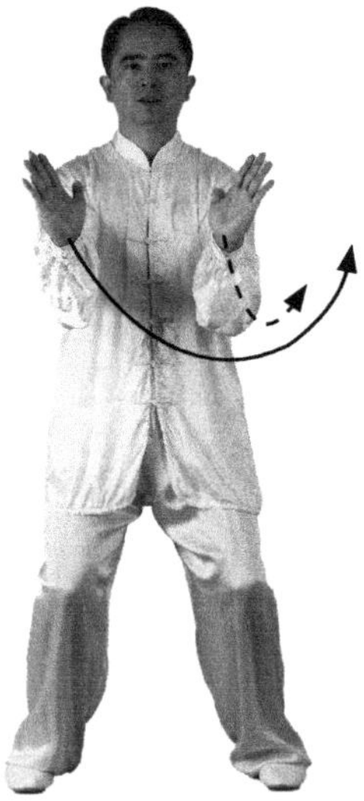

图 2–48

图 2–49

图 2–50

第二式　画眉踏架

动作一：左脚弧形圈脚向左外前方上步，同时右脚向左前圈脚跟进上步，成右三战马步（左大门）；两掌抓握成鹤爪掌，右掌以尺骨侧为力点向右外格，左掌内收向左摆回，再以掌根为力点向前推出；然后，右掌收回，再以掌根为力点向前推出（先左后右），成左“画眉踏架”之“黄蜂出巢”；随即两掌先上托成“孩儿捧花”，继之沉腕成“双枝昭阳”；目视前方。（图 2–51 ~ 图 2–55）

动作二：两掌变鹤爪掌，同时向右上方弧形伸出，并向下回拉于腰前，再向右斜前方弹击，有回弹之力，右掌掌心向外，左掌掌心向上，两肘夹紧于两肋前，成“猫儿洗脸”；目视前方。（图 2–56、图 2–57）

动作三：随即，右脚弧形圈脚向右平撤收回一步着地，同时左脚圈脚向右跟一步，成左三战马步（右小门）；左掌从右前臂下穿过内收外格，右掌收回，再以掌根为力点向前推出；然后，左掌收回，再以掌根为力点向前推出（先右后左），成右“画眉踏架”之“黄蜂出巢”；两掌先上托成“孩儿捧花”,继之沉腕成“双枝昭阳”；目视前方。（图 2-58 ~ 图 2-62）

图 2-51

图 2-52

图 2-53

图 2-54

图 2-55

图 2-56

图 2-57

图 2-58

图 2-59

图 2-60

图 2-61

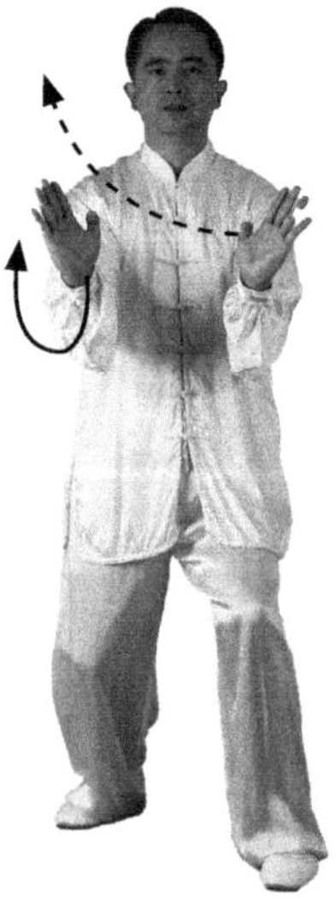

图 2-62

动作四：两掌变鹤爪掌，同时向右上方弧形伸出，并向下回拉于腰前，再向左斜前方弹击，有回弹之力，左掌掌心向外，右掌掌心向上，两肘夹紧于两肋前，成“猫儿洗脸”；目视前方。（图 2-63、图 2-64）

要领：①推掌动作皆同，唯左右相反。②左右推掌要柔和，要发出弹劲。③做左右“猫儿洗脸”时，两掌向前弹击要有力，并借助腰的力量达于掌根。动作迅速，干净利落，有回弹劲。

图 2−63

图 2−64

第三式　蝴蝶双飞

动作一：左脚向左前上一步，随即右脚向前上一大步（归中门）成右三战马步；同时，两鹤爪掌变成鹤翅掌，右前左后交叉向上插托而起，分别向外分格，掌心斜向上，两肘内夹于两肋前，成“蝴蝶双飞”；目视前方。（图 2−65）

动作二：两掌成鹤头掌，内旋，掌心朝下，两掌指斜朝外，向左右两侧下拨，两肘仍内夹于两肋前，成“拨水求鱼”；目视前方。（图 2−66）

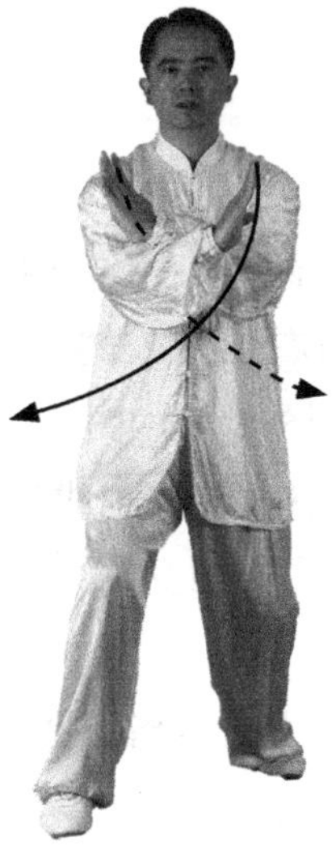

图 2−65

图 2−66

动作三： 两鹤头掌稍沉腕后，以鹤头为力点，同时向前、向上顶出，两掌心相对，指尖斜朝下，成“千斤称出”；目视前方。（图 2-67）

动作四： 上动不停。两鹤头掌变为鹤翅掌，两肘内收，两腕同时沉腕，竖掌坐节，成“双枝昭阳”；目视前方。（图 2-68、图 2-69）

要领： ①两肘要内夹，两臂向左右分格时要发出挑劲，力在两桡骨侧。②两前臂下拨时，力点在两前臂尺骨侧，要发出扒劲、弹劲。③向前、向上顶腕时，肩要松沉，力点在腕背，虎口朝上，要发出抖劲。④两肘向内夹入，两掌与两前臂均对称，成外“八”字形，气沉肩松。

图 2-67

图 2-68

图 2-69

第四式　白鹤独立

动作一： 左脚进一步成左三战马步；同时，两掌交叉向内切掌，右掌在内，左掌在外，成“白鹤剪翅”；随即两掌分别向左、向右顶腕成鹤翅掌，成“弥勒献肚”；再向中插掌夹击，成“鹤翅裁腰”；目视前方。（图 2-70~图 2-73）

动作二： 两鹤翅掌掌背相向，分别向上、向中内旋缠腕成鹤头掌，掌心朝下，掌指斜朝前；同时，迅即提起右膝向上撞击，成“白鹤独立”；目视前方。（图 2-74、图 2-75）

要领： ①切掌力在掌刀，顶腕力在腕背，插掌力在掌指。② 缠腕擒拿要与提膝撞击协调一致，一气呵成，擒拿要钳抓，撞击要有力。

图 2–70

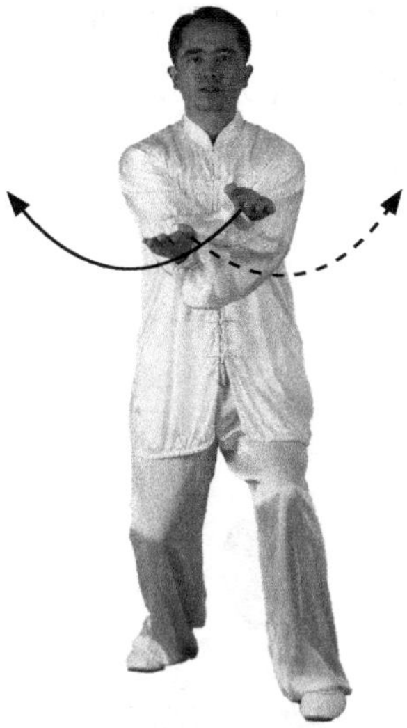
图 2–71

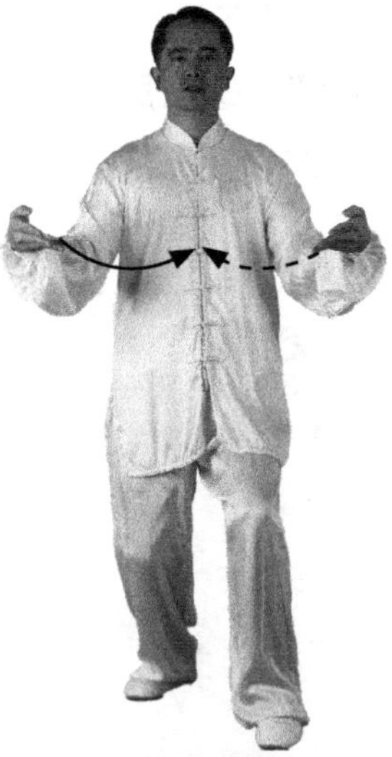
图 2–72

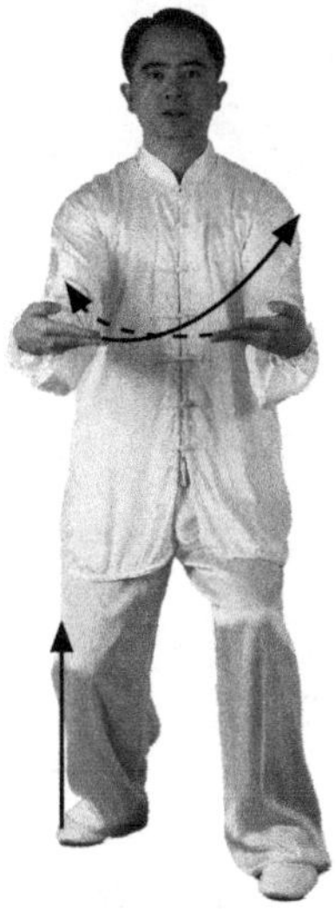
图 2–73

图 2–74

图 2–75

第五式　狗子颤水

动作一：右脚迅即向前落步，左脚叠步跟进，身体猛力落腰下沉，成右三战马步；同时，两手向下用力抓握成鹤爪手，虎口朝上，爪心斜朝前，高与腰齐；目视前方。（图 2–76）

动作二：先右爪前推、左爪回拉，后右爪回拉、左爪前推，连续三次，同时发“嗨”

声，成“狗子颤水”；目视前方。（图 2–77、图 2–78）

要领：①右脚落步和两手钳抓要有力。②右推左拉、左拉右推动作要猛然有力，发出颤劲。③发声时，气从丹田冲出，落步钳抓和推拉要动作协调，把握节奏。

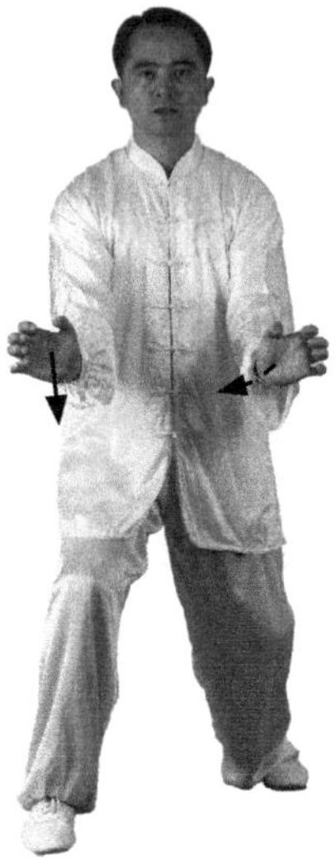

图 2–76

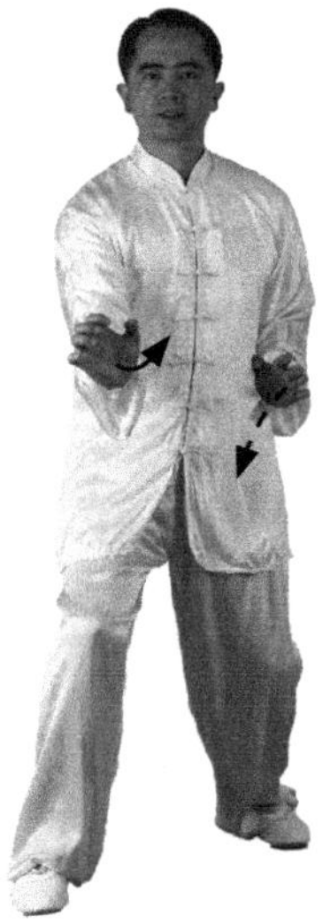

图 2–77

图 2–78

第六式　风卷残云

右脚向左平摆一步，随即身体左转 180°，左脚提起随转身向左侧摆步成左三战马步；同时，左爪变鹤头掌，右爪抓握变拳，左掌右拳向左侧扬起，左掌心向上，右拳心向下，高与头齐；紧接着，翻掌立拳由左向右、向左侧划弧，并向胸前拨掌格拳，左鹤头掌置于左腰前，掌心向下，左肘紧夹左肋前，右拳立于胸前，拳心向内，肘下垂，成“风卷残云”；目视前方。（图 2–79 ~ 图 2–82，图 2–81 附图、图 2–82 附图）

要领：①转身 180° 的进步与两掌划弧要协调一致。②左刁右格要靠腰部向左拧转发劲，气要沉，步要稳固。

图 2-79

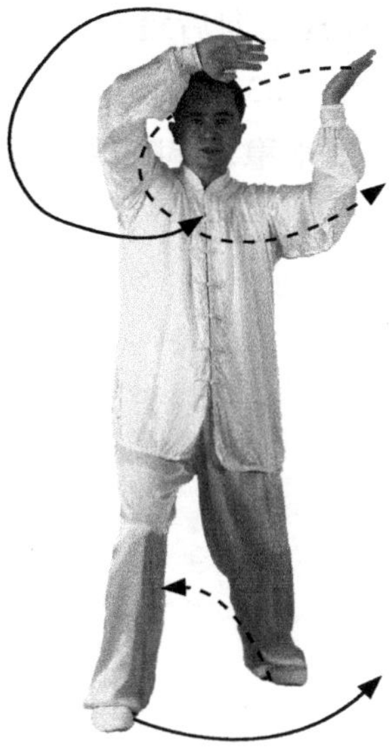

图 2-80

图 2-81

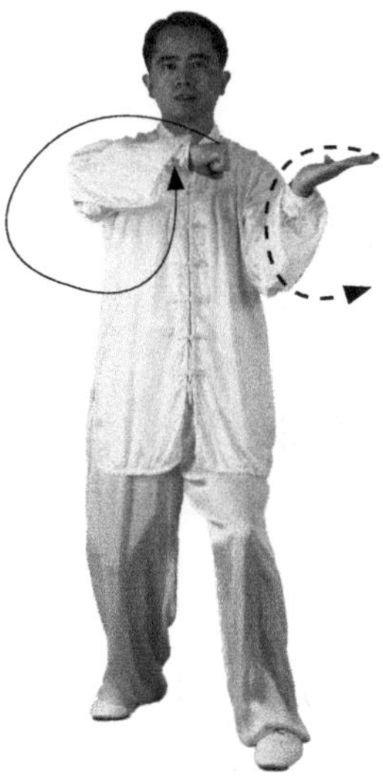

图 2-81 附图

图 2-82

图 2-82 附图

第二段

第七式　白马悬蹄

接上势。重心移至左腿，右脚提起向后蹬出，力达脚跟，脚尖朝下，成“白马悬蹄”；目视前方。（图 2–83、图 2–83 附图）

要领：蹬腿时上体前倾，重心要平稳，起腿要突然，力要猛。

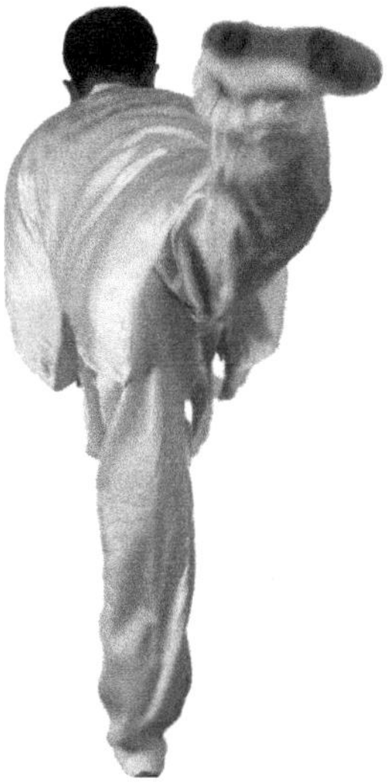

图 2–83

图 2–83 附图

第八式　猫儿洗脸

动作一：右脚借后蹬回弹之力向前落步，左脚跟步成右三战马步；同时，右拳变掌，两掌立于左胸前，左掌附于右前臂内侧，随身体左转之力，两掌同时向上伸出；随即，两掌抓握变虎爪掌向下回拉于腰间，再向右斜前方弹击，并有回弹之力，右掌掌心向外，左掌掌心向上，两肘紧夹于两肋前，成右“猫儿洗脸”；目视前方。（图 2–84 ~ 图 2–86，图 2–84 附图 ~ 图 2–86 附图）

图 2-84

图 2-84 附图

图 2-85

图 2-85 附图

图 2-86

图 2-86 附图

动作二：继之，左脚上前一步成左三战马步；其余动作同动作一，唯左右相反。（图 2-87 ~ 图 2-89，图 2-87 附图 ~ 图 2-89 附图）

要领：两掌向前弹击时要有力，并借助腰的力量达于掌根。动作迅速，干净利落，有回弹劲。

图 2-87

图 2-87 附图

图 2-88

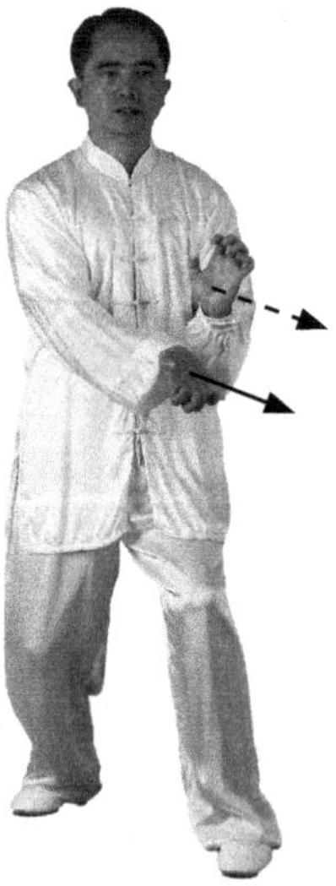

图 2-88 附图

图 2-89

图 2-89 附图

第九式　白鹤冲天

右脚向右前方上一步成右三战马步；同时，两鹤爪掌掌指伸直变鹤翅掌，左掌外搭在右前臂内侧，掌心向内，右掌外旋于右侧体前，掌心向右，高与肩齐；随即，两掌掌背斜相靠，同时向前向上伸出，左掌在内高与肩齐，右掌在外高于头，成“白鹤冲天”；目视右掌。（图 2-90、图 2-90 附图）

要领： 两掌向右前上方插击时要借助拧腰的力量。

图 2–90

图 2–90 附图

第十式　关公射箭

右脚向后退一步，成右侧身平马步；同时，两手下落至胸前，右手变剑指手，左掌掌心向外，右掌掌心向内，两掌同时向身体两侧对拉，左掌划弧劈落，右肘尖向右撞击，高与肩齐，成“关公射箭”；目视左掌。（图 2–91、图 2–91 附图）

要领： 两掌对拉时要舒胸展臂，力达左掌外沿和右肘尖。

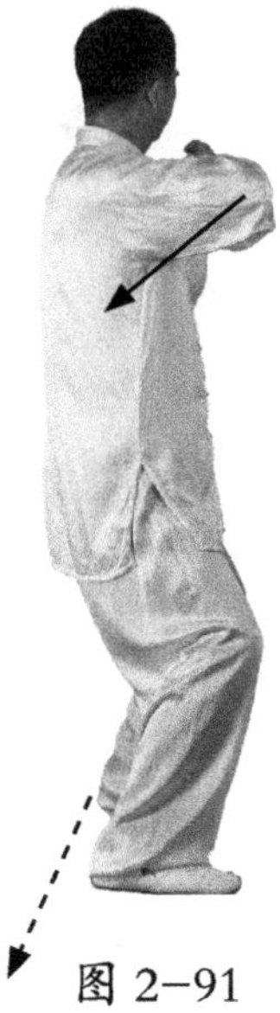

图 2–91

图 2–91 附图

第十一式　秋风扫地

左脚向后退一大步，身左转 180°，成左侧身大平马步；同时，右剑指手变掌，两掌置于胸前，左掌在上，右掌在下；随即，重心移至左腿，身体左倾，两掌经左向上划弧至头左侧上方，然后向下砍掌，至胸前时向体前两侧斜砍切击，左鹤头掌掌心斜向下，右鹤翅掌掌心斜向上，左高右低，成“秋风扫地”；目视前方。（图 2–92~图 2–94，图 2–92 附图 ~ 图 2–94 附图）

要领：①转身退步与两掌划弧砍击要协调一致。②刁手与格挡时腰部要拧转。

图 2–92

图 2–92 附图

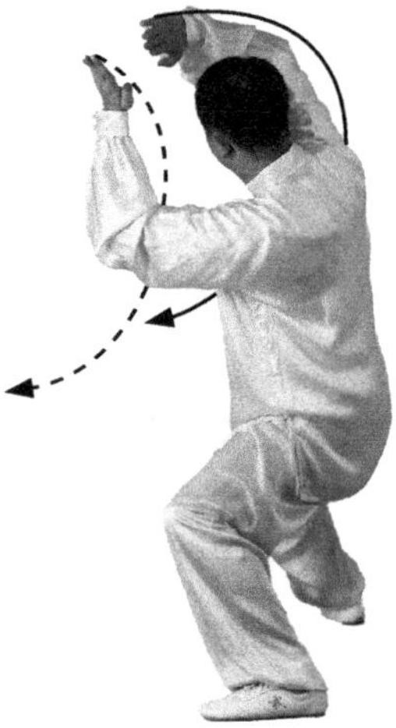

图 2–93

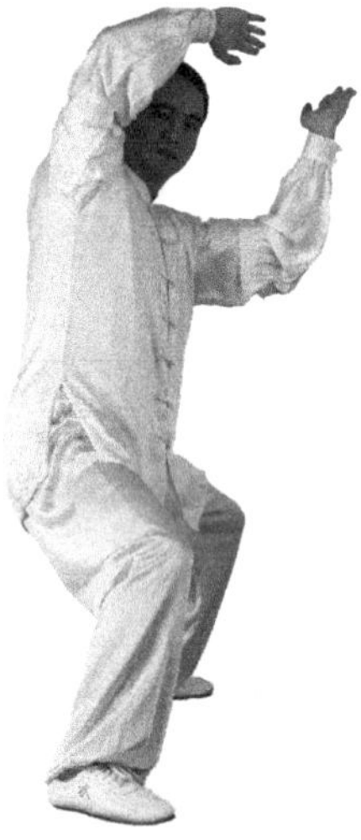

图 2–93 附图

图 2–94

图 2–94 附图

第十二式　流星赶月

动作一：身体右转 90° ，左脚上前一大步成左三战马步；随即两掌变拳，左拳经左上方抡臂向胸前盖落；迅即右腿向上提起，成左独立步，脚尖绷直微扣，膝关节超过腰部；同时，右拳向右前方摆起扣盖于胸前，拳心向下，左拳收回腰间，拳心向上；继之，右脚向前弹踢，脚尖绷直，与裆部、腹部同高，成“流星赶月”；目视前方。（图 2–95 ~ 图 2–97，图 2–95 附图 ~ 图 2–97 附图）

图 2–95

图 2–95 附图

图 2–96

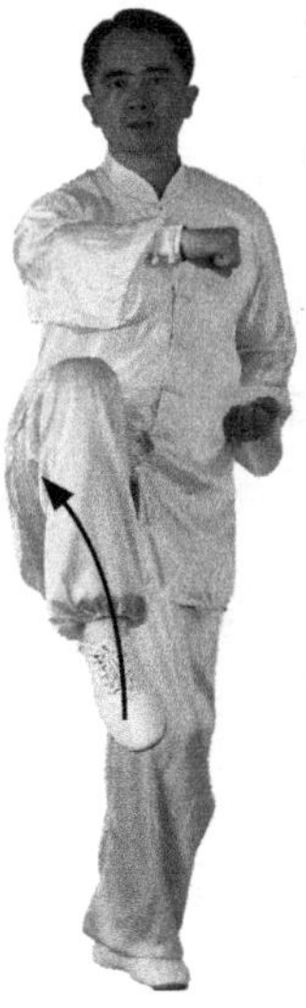
图 2–96 附图

图 2–97

图 2–97 附图

动作二：向前弹踢的右脚弹回向前落步，成右三战马步；同时，右拳向下叠于左拳之上，拳心向下；随即，左拳内旋使拳心向下，两拳同时向体前弹击，同时发“嗨”声，成“日月双弹”；目视前方。（图 2–98、图 2–99，图 2–98 附图、图 2–99 附图）

要领：①转身进步与抡臂要协调一致，左右抡臂下盖，力在前臂、拳轮。②提膝时膝关节上顶，弹腿时力达脚尖。③落步收拳要协调一致。双拳弹击时手臂弯曲，运用腰部力量以双拳、右前臂为力点猛然向前弹、震。动作要快速，力达拳轮和拳面。

图 2–98

图 2–98 附图

图 2–99

图 2–99 附图

第三段

第十三式　青龙出水

左脚向前一步，成左三战马步；两拳翻转成掌，左刁右格向左横摇，分至两侧，左鹤头手掌心向下，右掌掌心向上，高与胸齐，两肘紧夹于两肋前；随即两掌翻掌，右刁左格向左横摇，分至两侧，右鹤头手掌心向下，左掌掌心向上，高与胸齐，两肘紧夹于两肋前；目视前方。（图 2–100 ~ 图 2–103，图 2–100 附图 ~ 图 2–103 附图）

要领：①左右横摇动作相同，唯左右相反。②两手的刁腕与切掌要同时一致，柔和大方，力达腕、掌外沿。

图 2–100

图 2–100 附图

图 2–101

图 2–101 附图

图 2–102

图 2–102 附图

图 2-103

图 2-103 附图

第十四式　霸王三箭

动作一：右脚向前一步，成右三战马步；右鹤头手变掌内旋，从左前臂下穿出，外旋向右臂前挑起，掌心斜向上，力达右前臂及掌外沿，掌指斜朝前；同时，左掌内收后，向右前臂下穿出，向左臂前挑起，掌心斜向上，力达掌外沿，掌心斜朝后，成先右后左双向的“一枝梅花”；目视前方。（图 2-104 ~ 图 2-107，图 2-104 附图 ~ 图 2-107 附图）

图 2-104

图 2-104 附图

图 2-105

图 2-105 附图

图 2-106

图 2-106 附图

图 2-107

图 2-107 附图

动作二：随即两掌抓握成拳，先右拳向前冲出击打再收回右腰间，然后左拳、右拳依次冲出击打，最后左拳收回左腰间，成“霸王三箭”；目视前方。（图 2-108~图 2-110，图 2-108 附图 ~ 图 2-110 附图）

动作三：继之，右拳收回至右胸前变掌，左拳变掌，迅即从右前臂下穿出；同时，身体向左拧转 45°，两脚贴地随即向左拧转，重心移至左腿，身体稍向左侧身；左掌捧托于左肩前，掌心向上，右掌贴着右肋部向大腿外侧切击，力达掌外沿，掌心朝内，成“白鹤扫翅”；目视前方。（图 2-111、图 2-112，图 2-111 附图、

图 2-112 附图）

要领：①右左挑掌要连续，不能停顿，力达前臂及掌指。②连续三个箭拳冲击要一气呵成，力达拳面。③左挑掌和右切掌要与身体左转协调一致，动作迅速有力。

图 2-108

图 2-108 附图

图 2-109

图 2-109 附图

图 2-110

图 2-110 附图

图 2-111

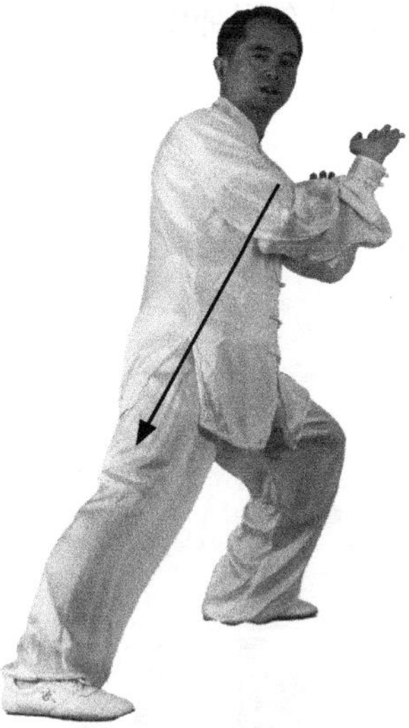

图 2-111 附图

图 2-112

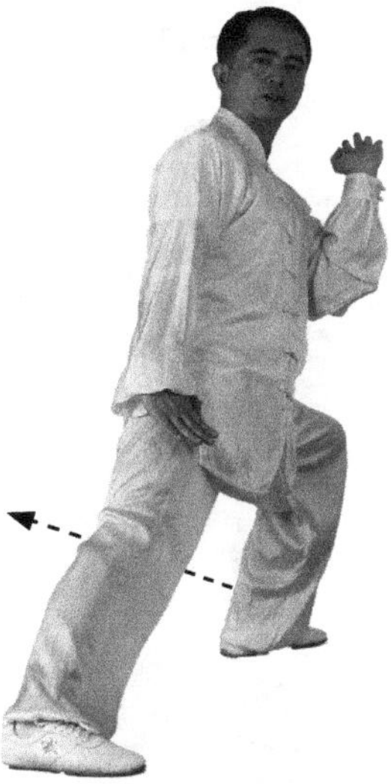

图 2-112 附图

第十五式　青龙滚水

身体继续左转 180°，右脚向左前平摆落步，身体转成正面朝前，左脚随身体的拧转向左前落步，成左三战马步；同时，左掌内旋翻转向左刁格横摇，掌心向下，高与胸齐，右掌由下翻掌向上弧形前托击于右胸前，右前臂微屈，掌心向上，成“青龙滚水”；目视前方。（图 2-113～图 2-116）

要领：①落步转身要借助蹬腿转髋拧腰发劲。②左刁腕、右托掌要同时，力达左腕、右掌，要有回弹颤身之劲。

图 2-113

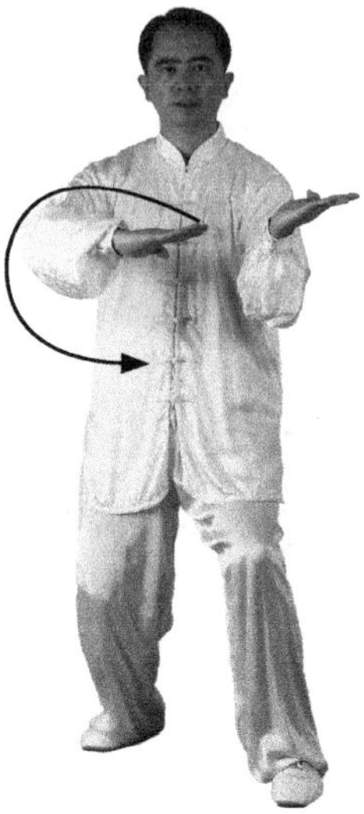

图 2-114

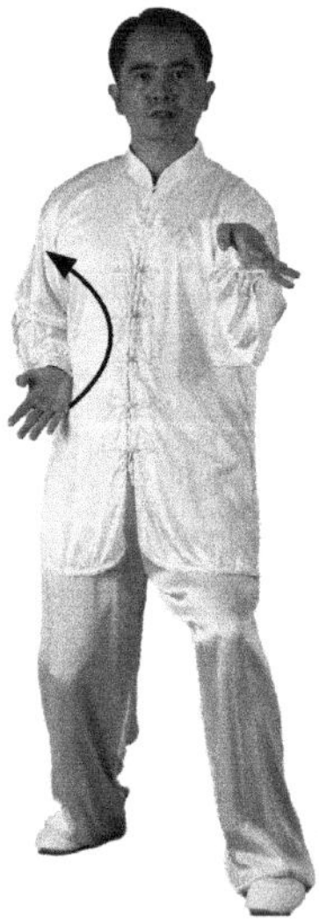

图 2-115

图 2-116

第十六式　双龙抢珠

动作一： 右脚向前一步，成右三战马步；左鹤头手变鹤翅掌，掌心向下，随即右掌内旋，掌心向下，高与胸齐，两掌同时边内旋向前直插镖出，与颈同高，力达掌指；目视前方。（图 2-117）

动作二：两掌抓握，屈肘内收于胸前，拳面相对，拳心向下；同时，右腿提膝向上顶，成“双龙抢珠”；目视前方。（图 2–118）

要领：①插掌要快速有力，意在面部双眼。②支撑腿要直，提膝独立要稳，意在裆部。

图 2–117

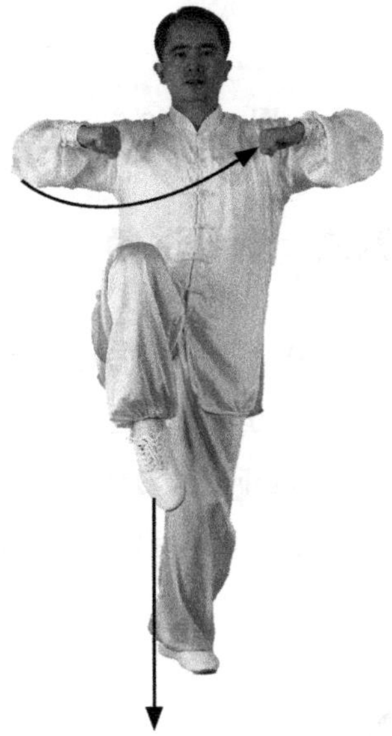

图 2–118

第十七式　白鹤搧胛

动作一：右脚向前落步，身体左转 90° 成左平马步；同时，左肘随转体摆至左侧，右肘顺势横击，同时发“嗨”声，高与肩平，力达肘尖；目视右前方。（图 2–119）

动作二：紧接着，右脚向右后方撤一步，身体右转 180° ，两腿弯曲成右平马步；同时，右肘随转体摆至右侧，左肘顺势横击，高与肩平，力达肘尖，成“白鹤搧胛”；目视左前方。（图 2–120）

要领：①撤步转身要轻巧灵活。②横击肘要注意运用腰部的力量，将腰部力量贯注在肘尖上。

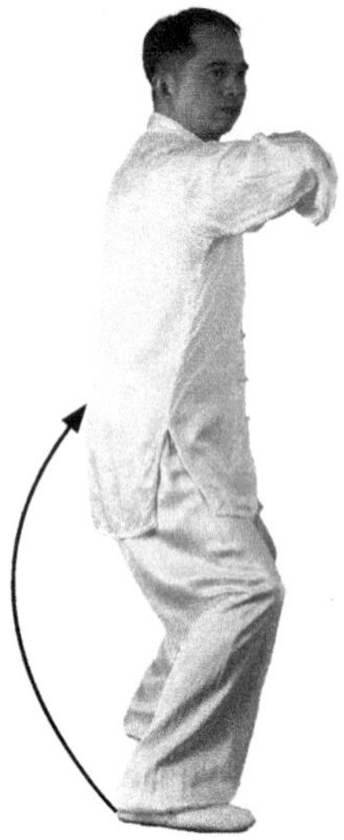

图 2-119

图 2-120

第十八式　黄牛洗角

身体左转 90°，左脚后退一步成右三战马步；同时，两拳变掌，随转体左外右内交叠，向右肩上方划弧举起，随即以掌外沿向左下方斜劈，左掌收至左腰间，掌心朝下，右掌止于腹前，掌心向左，力达两掌根，成“黄牛洗角”；目视前方。（图 2-121 ~ 图 2-123）

要领：①退步转身与两掌划弧下劈要一致。②劈掌时要借用腰部的力量，并有回挑之意。

图 2-121

图 2-122

图 2-123

第四段

第十九式　白鹤颤翅

右脚向前上半步，左脚叠马跟进半步，成右三战马步；同时，两掌外旋，掌心向上，掌指朝前，两肘置于两腹前，随即左掌向前冲出、右掌收回腰间，紧接着右掌向前冲出、左掌收回，再左掌向前冲出、右掌收回，一共做三次，力达掌指，成"白鹤颤翅"；目视前方。（图 2–124~ 图 2–127）

要领：①右脚落步要沉实微下蹲。②掌指分别向前冲击，要快速连续，要借助浚身摇胛，发出颤劲。

图 2–124

图 2–125

图 2–126

图 2–127

第二十式　白鹤展翅

动作一：左脚后退半步，右脚随即收回半步，以脚尖虚点地面成右虚步；同时，两掌抓握成拳，屈肘回拉至胸前，拳面相向，拳眼向内，高与肩齐，两肘尖向两侧扩展撞击，力达肘尖，成"白鹤展翼"；目视前方。（图 2–128）

动作二：随即两拳曲腕成鹤翅掌，向左右两侧插击弹回，掌高于头，力达掌指，成"白鹤展翅"；目视前方。（图 2–129）

动作三：右腿屈膝提起，以脚尖向前弹踢后收回落步，左脚叠马跟进，成右三战马步；同时，两鹤头手成掌，分别向后、向下、向前、向上划弧掀出，力达两掌，成“仙人戽水”；目视前方。（图 2–130 ~ 图 2–133）

要领：①两掌成拳回拉抓握要有力，扩胸撞肘要力达两肘尖。②两鹤翅手向两侧插击时，要力达指尖，发出弹劲。③右脚尖向前弹击后，要迅速落步，两掌上掀要有力。

图 2–128

图 2–129

图 2–130

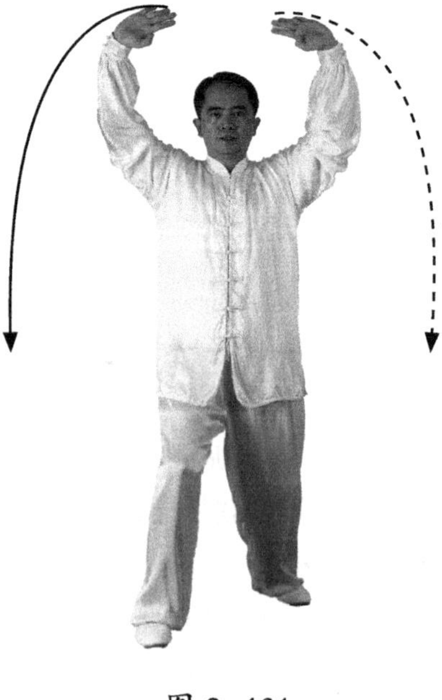
图 2–131

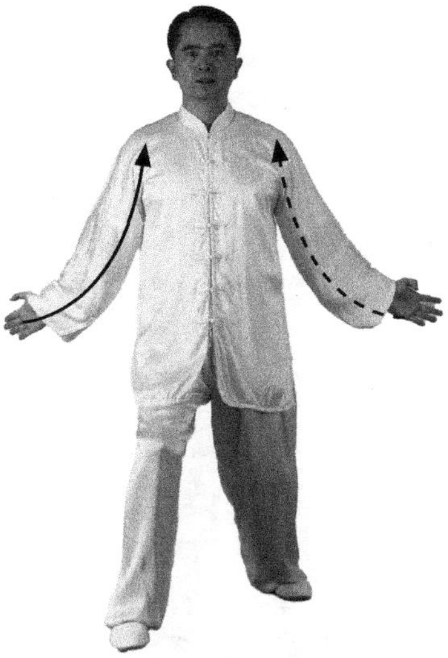

图 2-132

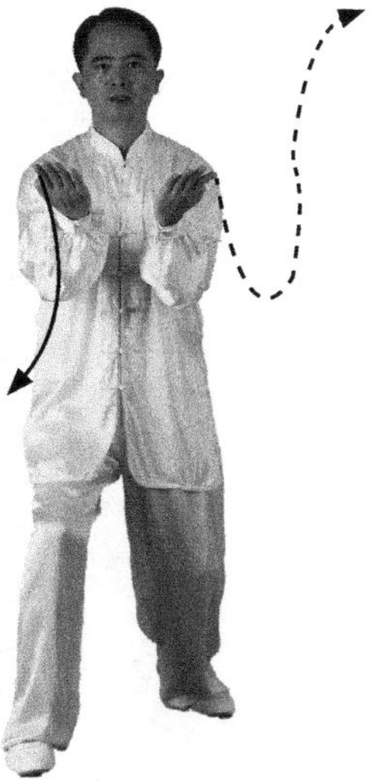

图 2-133

第二十一式　十字打手

两脚不动；左掌收提至头左前上方，再抡臂向右前下方划弧斜劈，然后收回至左腹旁，力达掌根；同时，右掌内收至右腰间，由下向后、向上划弧提至右肩前，再向左下方划弧斜劈至左腰前，力达掌根，左掌在内下方，右掌在外上方，两掌心斜相向，成“十字打手”；目视前方。（图 2-134 ~ 图 2-137）

要领：①抡臂划弧时要圆顺，最高时掌要高于头。②左右劈掌须运用腰部的力量，迅速连贯，力达两掌外沿。

图 2-134

图 2-135

图 2-136

图 2-137

第二十二式　白鹤抖翎

动作一：两脚不动；两掌屈腕成鹤翅掌，以掌背向右前方顶起弹出，右手在前上方，左手在后下方，两掌心均向内，右腕高与头齐，左腕与下颌齐，力达腕背掌指，成“白鹤抖翎”；目视右手腕。（图 2-138、图 2-139）

图 2-138

图 2-139

动作二：随即两掌向下，在胸前自左向右、向前顺时针划一小弧，然后两掌沉腕下按，右掌在前，左掌在后附于右前臂内侧，指尖朝上，力达掌根，成“鹤翅翘起”；目视前方。（图 2-140、图 2-141）

要领：①屈腕上顶须发出短促的颤抖之劲。②两掌圈旋要圆，定势时沉肩、垂肘、沉腕，神闲气定。

图 2-140

图 2-141

第二十三式　将军挂印

重心后移至左腿，右脚内收半步成右虚步，成“白鹤寄脚”；同时，两手向左胸前内收，右掌变拳贴于左掌心；然后左掌右拳由左肩前同时向体前弧形推出，止于胸前正中，左掌掌指朝上，右拳拳心朝下，成“将军挂印”；目视前方。（图 2-142、图 2-143）

要领：左掌右拳推出后，两臂要撑圆，动作要饱满，上下肢动作要协调。

图 2-142

图 2-143

第二十四式 半月沉江

右脚向右后退半步成平马步；同时，双手内收至两胸侧抓握成鹤爪，掌心向上；随即双手内旋,紧贴着肋部往下按,掌心向下,成“半月沉江”；目视前方。（图 2−144、图 2−145）

要领：身正气沉，神闲自然。

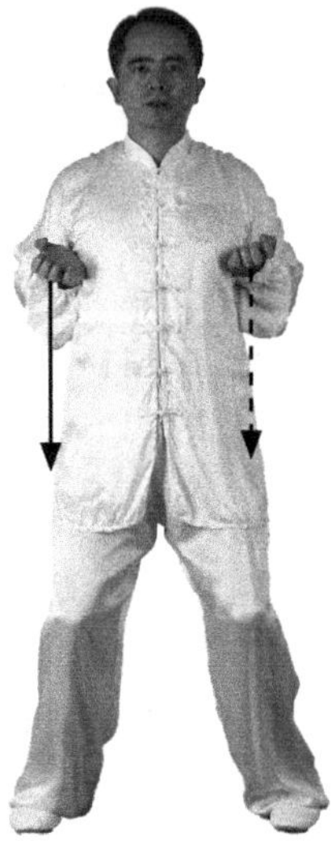

图 2−144

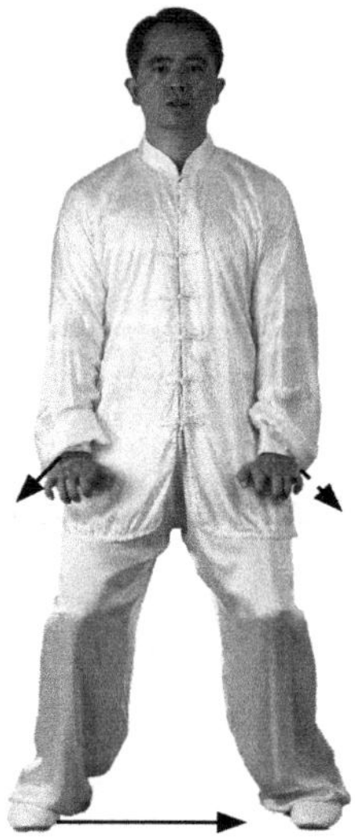

图 2−145

收势

右脚向左脚并拢，自然站立；同时，两鹤爪变掌置于身体两侧；目视前方。（图 2−146）

图 2−146

福州鹤拳

第一章　福州鹤拳概述

福州鹤拳是飞、鸣、宿、食、纵五种鹤拳的统称，源于方氏七娘之宗，迄今已有三百多年的历史。经过历代白鹤拳师的传承和发展，至清末逐渐衍变成风格各异、特点迥然不同、套路繁多、拳理与技法自成体系的飞鹤、鸣鹤、宿鹤、食鹤和纵鹤，其技术风格有别于永春白鹤拳。

一、福州鹤拳的源流

永春白鹤拳传入福州后，一分为五。根据现有资料，在传统武术挖掘整理中，为了有别于永春白鹤拳，福州市武术协会于 1984 年在福州市地方拳种简介中将飞鹤拳、鸣鹤拳、宿鹤拳、食鹤拳和纵鹤拳统称为“福州鹤拳”。现将福州鹤拳中的五种鹤拳源流分述如下。

（一）飞鹤拳

清同治年间，满清皇族佟六（人称六爷）自幼爱好武术，善骑射、摔跤之术，尤精飞鹤拳。因在京师设擂失手打死贝勒子，被发配至福建福州。佟下传福州东门卢宝桐（当时武术界为他起徽号“桐傲”“东门傲”），卢再传其子卢庆炳等人。

飞鹤拳套路有八步连、猴鹤、罗汉等。对练套路有三步格、五步格、十步格、承基、摇基等。

飞鹤拳另有两支：一支为清中叶永春白鹤名师郑礼下传郑纪至今，其主要套路有三战、四门、三鹤、全鹤、捆拿等；另一支为福州高盖山定光寺僧释明余下传郭钦良至今。

（二）鸣鹤拳

晚清年间，永春白鹤拳师林世咸（泉州仔）下传福州潘屿八，潘再传福州谢崇祥（如师）。几经变革推创出鸣鹤拳。后来谢崇祥成为福州鸣鹤拳一代宗师，并在福州设馆授徒。其中佼佼者有萧铄德、王士安、陈宝菁（二俤）、林贞兰（番仔）、吴福官、陈世鼎（麻伙）、肖和尚、潘家乾（鱼丸乾）等，于是鸣鹤拳在福州等地广为传播，并逐渐传往国外。

鸣鹤拳套路有八步连、二十八宿、柔箭、中框、七景等。对练套路有单基单箭、双基双箭、摇基、走三角、偷向基等。

（三）宿鹤拳

清朝末年，连江石门寺觉清和尚曾传授宿鹤拳。20世纪20年代，郊区城门林传务，时年仅十几岁，投寺随师学习宿鹤拳五年，艺成，到福州三保等地设馆授徒。

宿鹤拳套路有三战、三条线、七步莲花、鹤爪展威等。

（四）食鹤拳

清朝末年，闽清“嘉蒲司”传福州北芩下方水官。方又传仓山叶绍陶，叶又从闽侯周子和处学食鹤拳三十六步基手，遂终身苦练食鹤拳。传有徒弟十多人，后又传到台湾等地。

食鹤拳套路有三战、四门、三十六步基手（技击套路）等。

（五）纵鹤拳

清朝同治年间，福清琯口方世培，自幼习鹤拳。十五岁精通拳艺，在福清茶山天竺寺苦练十年。因见鸪鸟鸪鸣时树枝颤动，悟得鸪鸣之气（哈气）；见虾弹跃于水，悟得弹跳之力；见狗落水上岸，纵身抖颤，悟得颤抖之劲。遂将悟得之理，融于鹤拳之中，形成“纵鹤拳”。门徒有：清孝廉林琴南（清光绪年间著有《方世培传》和《技击余闻》）、光绪年间两广总督沈丹及誉称“八闽五虎”之方永华、陈依鹤、肖孔培、陈道田、王霖等人。此外，纵鹤拳传人林国仲（朱宅二）于民国初年将纵鹤拳传到台湾。

套路有三战、四门、五步、圆手、朝身三角战、二十四招法等。对练套路有承基对练等。

二、福州鹤拳的风格特点

飞鹤、鸣鹤、宿鹤、食鹤和纵鹤同出一源，它们在技术和训练上有许多共同之处。比如它们都以三战（八步连）为基础，都讲气沉丹田，练丹田功，以气催力。技击时都要求内外合一，借助明暗二劲，在身法上都要求头正、项直、拔背、松肩、提裆吊肚；手法都讲究金、木、水、火、土，五行变化，相生相克；步法都要求稳固，“五点金”落地生根。它们之间又各有其特点和独到之处：飞鹤仿鹤之飞翔、跳跃、拍击，动作形象，舒展大方；鸣鹤以形为拳、以意为神、以气催力，拳势激烈刚猛；宿鹤拳似睡非睡，讲究听力借力，手法多变；食鹤拳如鹤之啄食，动作轻巧快捷；纵鹤拳注重纵劲，纵横走圆、弹抖发劲。

（一）飞鹤拳

飞鹤拳的特点是动作形象，舒展大方，多模仿鹤的飞翔、跳跃、展翅拍击等动作。吸气上提似飞，常以声助力、助胆、助形。动作形象优美，刚柔相济、纵跃弹抖，强调内外结合，节奏鲜明，静如山岳、动如狂风，讲究吞、吐、浮、沉、顶、抵、横、圆。手法上有击、勾、摔、点、贴、盖、压、剪、弹等。讲究金、木、水、火、土，五行变化。五行相生相克，金生水、水生木、木生火、火生土、土生金；金克木、木克土、土克水、水克火、火克金。步型上要求包臁马（两脚间内扣）、丁字步等。呼吸以鼻吸气，口呼气，拳势激烈，在发劲时肌肉强有力地收缩，不断发出颤抖之劲，再加上时而用喉发声，以声助力，透力而出。上肢动作较多，善变灵活，遇刚则柔、遇柔则刚，见力化力、见力生力、见力弃力、见力断力，虚虚实实，彼虚我实，彼实我虚，乘虚而入。

（二）鸣鹤拳

鸣鹤拳的特点是形象似鸟衔理羽毛状，善用掌，常发声，以声助力。其特点是以形为拳、以意为神、以气催力，拳势激烈，上肢动作较多。刚柔相济，以静带动，动中带静，似鹤之形态。练形、练意、练气，提肠束气，气运丹田，刚猛有力，坐马落地生根，出手有猛虎出林之威，手法丰富，以掌为主，有横、直、顶、擒、吞、吐、浮、沉、搓、摩、拖、撞，等为其独特之风格与技击特点。鸣鹤拳的套路从外观来说比其他鹤拳的拳势更为激烈，勇猛矫健，且富有阳刚之美。要求在训练之时注意头要顶、项要稳，要含胸拔背，沉肩坠肘。注意力要集中，使目光敏锐有神，动作矫捷机灵，神态安详，两足落地如生根。练时以头、身、手、足四种力势为三战之步法的根基。步法要求稳固，落地生根。发力时劲由足跟起，气沉丹田，力求顺达，讲究蓄劲。手法讲究五行变化，相生相克。呼吸时多以胸式呼吸引向腹式呼吸，当胸式呼吸受到一定限制时，就以腹式呼吸为主。有时动作要求使腹肌十分紧张，又多侧重于胸式呼吸，有时还得闭气。

（三）宿鹤拳

宿鹤拳的特点为鹤之似睡非睡，以静待动，下肢讲究站三角马，步法密疾，手法多变。多用鹤爪手，动作既隐蔽又闪疾，讲究听力、借力。每招式攻防含意浓厚。套路演练要求遵循“吞、吐、浮、沉”四个原则。吞如灵猫戏鼠，吐如猛虎出林，浮如大鹏展翅，沉似泰山压顶。

（四）食鹤拳

食鹤拳以鹤之啄食为其主要特点。练拳讲究精、气、神、手、眼、节（指关节）配合一致。精在于足，神在于静。以静养神，以意守气。动作轻巧快捷，手足并用，心手相应。见力借力，刚柔相济，养气助劲，多以突然出击，意到手到，交手如羽毛，出手如刀眼。手型多以爪、掌、指、勾和单珠拳为主。手法讲究五行变化；步法善用三点五梅花。起伏转折多变，如鹤在抢食之势。身法要求摇身腋胛（缩紧肩胛骨），吞身坠地。

（五）纵鹤拳

纵鹤拳以开合运气、以意守气、吞吐浮沉、沉身注气、松身软臂、举意不举力为其特点。要求气养于中，起于丹田，出于头顶，力由脚趾达指尖，意到气到。一动如激流奔泻，狂风扫落叶；一静如老翁携杖，解吞（缩胯）、臂悬。马踏三角，纵横走圆。出手伸直（狂力），如风吹杨柳，随风飘动。“承基”（接手）听力生力，见力化力。接手软如棉，出手硬如铁。

三、福州鹤拳的拳理

本节所辑录的福州鹤拳拳理，部分出自京都无名氏编著的《鹤祖白鹤仙师秘传神妙拳法》，今重新选编出来，供读者参考。

（一）论五行手法、相生相克

鹤拳手法上讲究金、木、水、火、土。

（1）金手：逢顶属金。单手或双手握成勾，勾尖朝里，勾顶向外，横向用腕顶开对方的攻击手。

（2）木手：逢枝属木。当对方进攻时，以前臂挑开对手的进攻，随即用直插掌攻击对手。

（3）水手：逢浪属水。水手分为明水手、暗水手两种。明水手：松握拳，拳心朝上，两前臂同时向外抖出，劲在桡骨远端；暗水手：双俯掌，对方攻来时先向外扣腕，下按对方的手腕，就可以随意进攻对方。

（4）火手：逢冲属火。单掌或两掌向前推出（如单箭或双箭），劲在掌根。进攻时单掌或双掌向对方胸部出击。

（5）土手：逢沉属土。两臂屈肘，在胸前握拳。遇到攻击时，两拳变掌擒住对方手腕。

根据五行相生相克的道理，五行手法的变化：金生水，水生木，木生火，火生土，土生金；金克木，木克土，土克水，水克火，火克金。

（二）论吞吐浮沉

身有吞吐浮沉之形，气有吞吐浮沉之时。身法：吞似灵猫戏鼠，蓄而待发；吐似猛虎出林，发弓送矢；浮如大鹏展翅，浮在山，山归顶；沉似泰山压顶，沉于水，水归于膀胱。气：吞为吸气，吐为呼气，浮为吸气，沉为呼气。呼吸发声，声助举势。

（三）论动静之法

静以待动谓之雨力，动以待静谓之风力，风雨认真势如破竹。即见手足俱动身当沉静如雨力之势也。

（四）论刚柔变化、虚实真假

以其人之力还其人之身，谓之柔能克刚，接力之头，化力之尾，见力化力，见力生力，见力弃力，见力断力。随人动而动，随人变而变，是为刚柔得法，变化相宜；用重不如用轻，用轻不如用空。强调的是以虚击实、声东击西，引上打下、引左打右。真真假假，彼实我虚，彼虚我实，乘虚而入，是为要言。刚柔相济是正法，虚实分明万无一失。

（五）论弹抖之劲

弹抖之劲为纵手，劲发于腰而出自手；触即变，发如箭，击如炮。

（六）论明势法

似龙抢珠云蔽日，交接顺空横与直，吞吐浮沉君须记，刚柔相济定心神，眼如神、手似箭，出手如弓路对敌，似风摆柳上下转，曲一身力左右分，来有声去无影，千变万化连枝接叶，似山无涯、似海无底。

（七）论正直之法

头为首，身为主，目为帅，手为兵，脚为将。头不可偏斜，身要正，正中寓静，浮中带沉。

（八）论开合运气

拳有左必有右，有来必有去，来去必分明；势有开必有合，开则吸气，合则呼气。

（九）论技击

技击时观其地势而出步，力存两臂而不僵，以静待动，耳听八方。观他人之面目，可知他人手之出力；目视其鼻，可知他人身之动静。有桥断桥，可对桩而破；无桥生桥，引之而破。手尾步步先软，后而硬用劲。

第二章　福州鹤拳基本技术

福州鹤拳基本技术包含手型、步型、手法、步法、身法、发声法及对身体各部位的总体要求等，现分述如下。

一、手型

（一）排指掌

腕直掌平，四指伸直分开，拇指屈指内扣。（图 3–1）

要领：四指伸直用力，力达指尖。

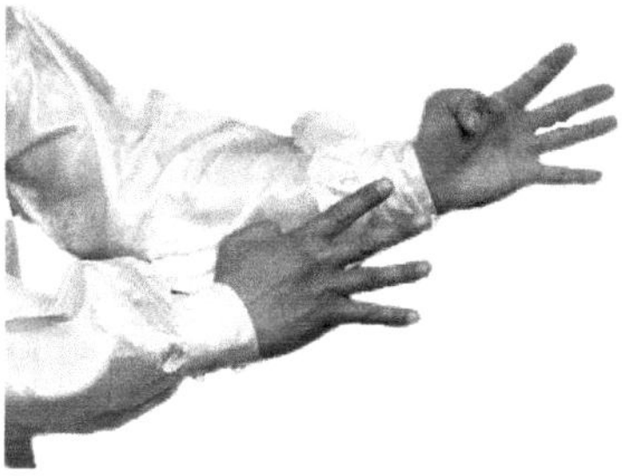

图 3–1

（二）千斤掌

屈腕，拇指屈指内扣，其余四指自然分开，指尖朝下。（图 3–2）

要领：沉腕，力达四指指尖。

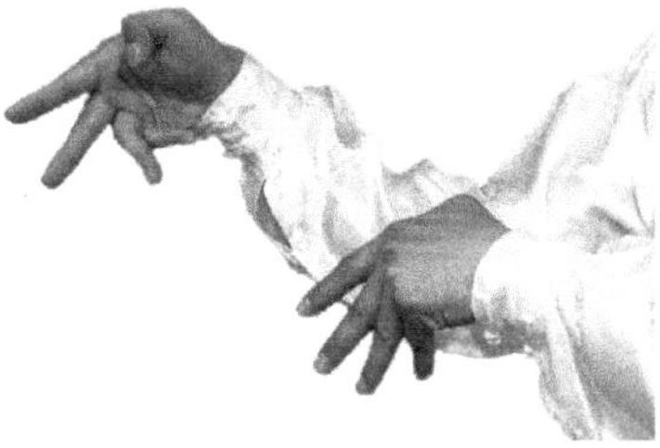

图 3–2

（三）双指（双蛇吐舌）

食、中二指分开伸直，无名指和小指自然弯曲，拇指屈指贴于无名指、小指。（图 3–3）

要领：食、中二指分开伸直用力，力达指端。

图 3–3

（四）鹤爪

五指指骨自然分开屈握。（图 3–4）

要领：五指张开外撑，力达五指。

（五）鹤顶拳

五指屈握，中指中节凸起成尖，拇指置于食指和无名指末节。（图 3–5）

要领：拳要握紧，力达中指凸起的中节尖。

图 3–4

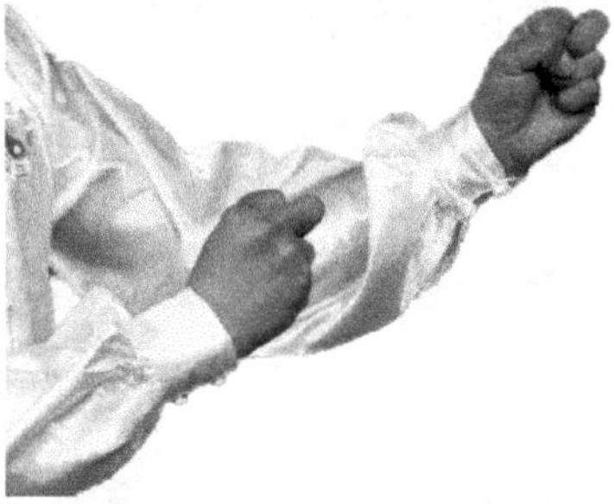

图 3–5

（六）鹤翅掌

四指自然伸直，拇指屈指置于食指根部。（图 3–6）

要领：拇指紧扣，沉腕挑掌，力达掌外沿。

图 3–6

二、步型

（一）包臁马

包臁马亦称内八字马。两脚平行开立，右脚略前于左脚，两腿屈膝半蹲，两脚尖与两膝内扣，裹裆扣膝，成内八字步。（图 3–7）

要领：注意两脚要有内夹之劲，敛臀、收腹。

图 3–7

（二）丁字步

两腿屈膝下蹲，一脚在另一脚内侧中间处以脚尖点地。丁字步分左丁字步和右丁字步，上体保持正直。（图 3-8）

要领：身体重心偏向支撑腿，要注意敛臀、收腹。

图 3-8

（三）四平马

两脚平行开立，约与肩同宽，前脚略前于后脚，脚尖朝向正前方，屈膝半蹲，身体重心落于两脚之间。（图 3-9）

要领：上体正直，头正、颈直、微含胸、敛臀、收腹。

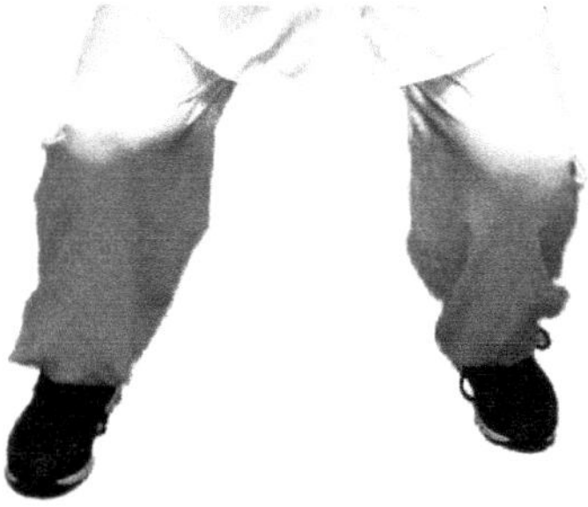

图 3-9

（四）三角马

两脚前后站立，与肩同宽，前脚后跟与后脚尖距离约半脚长。（图 3-10）

要领：上体正直，重心前三后七，重心落于后脚。

图 3-10

（五）单跪步（单蝙蝠）

一腿屈膝全蹲，另一腿膝盖屈曲跪地，以小腿内侧贴于地面。（图 3-11）

要领：跪地腿大小腿屈曲，脚尖勾起，小腿内侧贴地。

图 3-11

（六）虚步

后腿弯曲，身体重心落于后腿，前腿在身前弯曲，以脚尖虚点地面。（图 3–12）

要领：上体保持正直，虚实分明，不能前俯后仰，身体重心落于后腿，前脚尖内收虚点地面，收腹、敛臀。

图 3–12

三、手法

手法是练拳和技击时上肢的攻防变化方法。手法也包括肘法在内。

（一）弹掌

左手抓握，右手背由胸腹前向前或向上以弹抖之力弹击，弹掌时以腰背发力，两掌快速向前弹击，力达掌背，须有弹抖劲。左右互换。

要领：手臂放松、动作突然、弹掌脆快。主要用于弹击对方面部，或扰乱对方视线。

（二）双插掌

双掌掌心相对向前插击，力达掌指。

要领：双掌须同时插出，快速有力。主要插击对方胸、腹，手腕蓄劲，力达掌指。

（三）挑掌劈击

左手由右向左平拨，掌心朝下，右手从左前臂下向右前方挑掌，掌心朝上，左右阴阳掌同时向前劈击。左右手互换，唯动作相反。

要领：两手要互相协调配合，两臂要有翻拧劲。

（四）撩掌

左脚向前进半步，身体略下蹲，同时左掌拨挡，掌心朝下，右掌向前撩出，力达手掌，目视右掌。

要领：进步快，撩击狠。主要用于撩击对方裆部。

（五）横击肘

左手拨挡，右手握拳，肘部弯曲叠紧，上体由右向左拧转，右肘随身体的拧转从右向左前方猛然击打，力达肘面、肘尖。左右互换，唯动作相反。

要领：横击肘务必要拧腰转胯，肩、肘部贯力，协调一致，快速猛烈。

四、步法

步法是练拳和技击时脚步的移动、变化方法。步法是在步型的基础上变换的。步法包括上步、退步、拖步、插步和跳步等。

（一）上步

后脚向前迈一步。

（二）退步

前脚向后退一步。

（三）拖步

前脚向前跨一大步，后脚拖地跟一小步。

（四）插步

两脚开立或并立，一脚提起穿过另一脚前或脚后向异侧插进之步。

（五）跳步

两脚同时离地向前方或后方跳动一步。

五、身法

身法是指能活动的、以躯干为主、结合攻防的变化方法。鹤拳身法上要求松肩拔背、提裆吊肚、吞吐浮沉、拧腰转胯、上下一致、左右协调、内外合一。

六、发声法

鹤拳的发声是由鼻吸气、口呼气，气沉丹田，腹部鼓荡。在发劲时肌肉会强有力地收缩，在外观上可见发出颤抖之劲。出拳或出掌时，使劲力迅速通过腰、背、臂而达拳面或掌根，同时从丹田中发出如鹤的鸣叫声，故有“吐气开声”的说法，以声助力、助形、助胆，透力而出。

第三章　福州鹤拳套路动作详解

本鹤拳套路是萃取传统飞、鸣、宿、食、纵五种鹤拳的精华缩编而成，去繁就简，保留了传统鹤拳的风格特点，而突出了具有典型代表性的、风格独特的动作，如蟒蛇出洞、左右劈斗、纵步搓磨手、醉身洗翅、鹤顶手等，以及八仙掌、双卜捶、鹤顶手摔箭、罗汉撞钟等动作中的发声。套路短小精悍，易于掌握，便于推广。

一、动作名称

预备势

请拳起势

第一式　蟒蛇出洞

第二式　劈斗

第三式　横肘掉捶双滚手

第四式　左纵步搓磨手

第五式　拨云望日

第六式　右纵步搓磨手

第七式　八仙掌

第八式　醉身洗翅双盖掌

第九式　脱基

第十式　双卜锤

第十一式　鹤顶手摔箭

第十二式　付掌

第十三式　中心钹

第十四式　挂插箭

第十五式　三抬撞

第十六式　劈斗反劈斗排拳

第十七式　三弹扣

第十八式　双插箭

第十九式　点马三蛇吐舌

第二十式　滚身托下箭

第二十一式　罗汉撞钟

第二十二式　三卜锤

第二十三式　鹤跳步中心钹

第二十四式　鹤顶手

第二十五式　提翼打脚横栏

收势

二、动作图解

预备势

两腿并步站立，头正、项直，两手五指并拢自然下垂贴于两腿外侧；目视前方。（图 3–13）

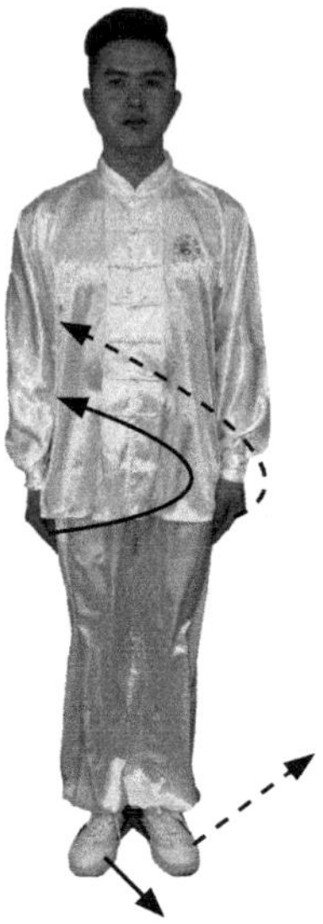
图 3–13

请拳起势

动作一：左脚向左后撤一步，右脚随之前移，脚尖点地成前虚步，两腿屈膝半蹲，重心落于左腿；左手竖掌自左向右提至右腰侧，右手握拳前推，小指紧贴于左掌心，左掌心朝右，右拳心朝上；两眼平视。（图 3–14、图 3–15）

动作二：右脚后退半步与左脚略成平行步；同时，两手成掌先交叉后分开，与肩同宽，掌心朝上，随即两手内旋翻转下按于两胯旁，掌心朝下；目视前方。（图 3–16 ~ 图 3–18）

要领：身正项直，两腿虚实要分明，两手要内旋翻转下按。

图 3–14

图 3–15

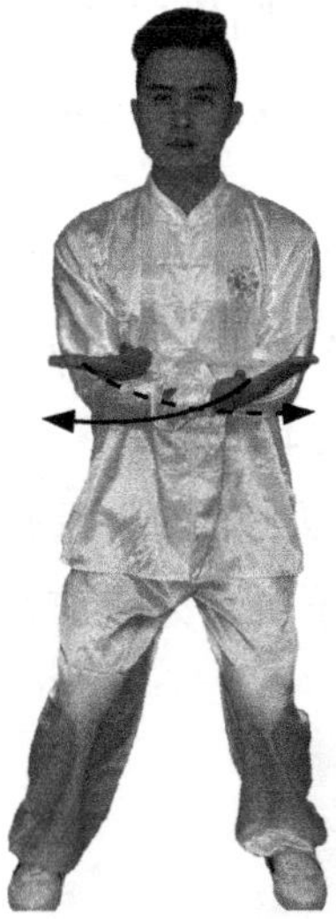
图 3-16

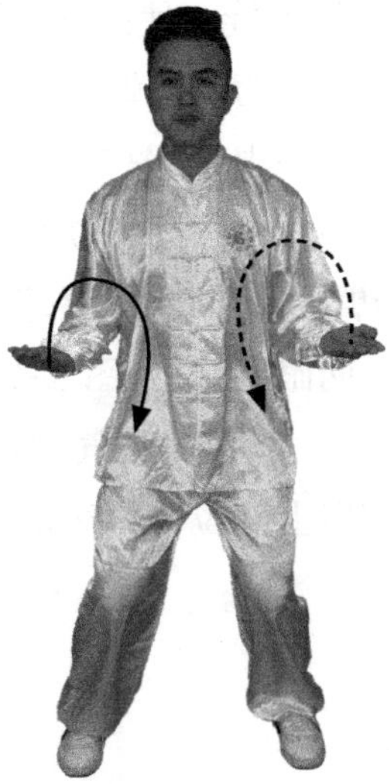
图 3-17

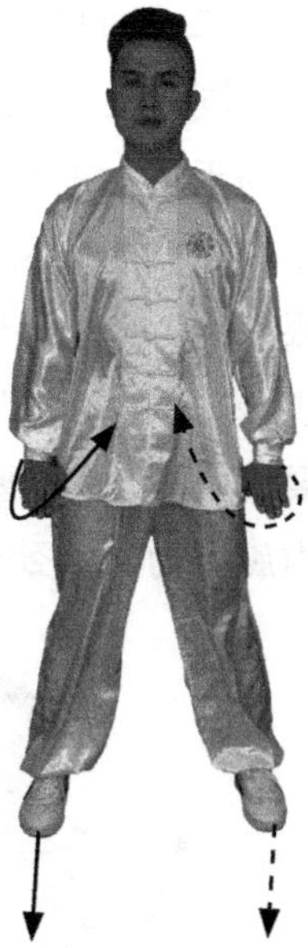
图 3-18

第一式　蟒蛇出洞

动作一：右脚向前上步，左脚跟进一步成平行步；同时，两臂屈肘外旋，两掌心朝上托起，同时吸气。然后，两掌内旋翻转竖掌沉腕，同时呼气。（图 3-19、图 3-20）

图 3-19

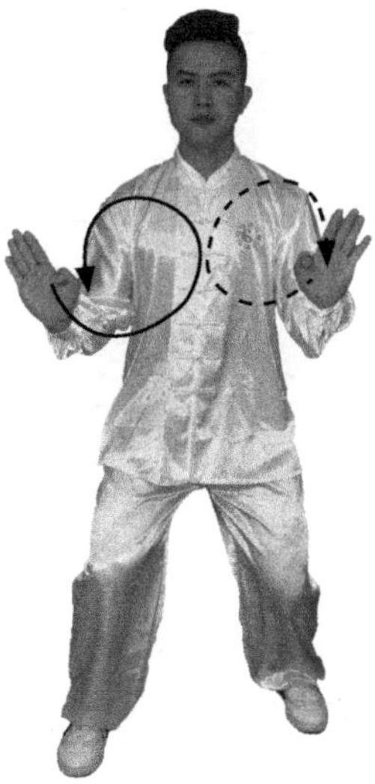
图 3-20

动作二：两脚不动；两前臂原处内旋，使两掌在胸前划一平圆仍成竖掌，两掌心朝前，同时吸气。然后，两腕伸直，两掌心朝下，两掌向前伸直插出，同时呼气，两掌略高于肩，距离略宽于肩；两眼平视。（图 3–21、图 3–22）

动作三：两脚不动，重心略降低；同时，吸气沉肘，两前臂外旋下压，两掌变拳，两拳眼朝上，拳心相对。接着两前臂内旋外翻，两拳变掌旋转竖掌沉腕，两掌心朝前；同时慢慢呼气，发“呵呵”之声；两眼平视。（图 3–23、图 3–24）

要领：进步重心要稳，两掌上托有力，沉身吸气。翻转竖掌时力达掌根。重心要稳，分掌内旋有力，吹劲前插对方胸部以上部位，力达指尖，吸气下沉，力贯前臂。

图 3–21

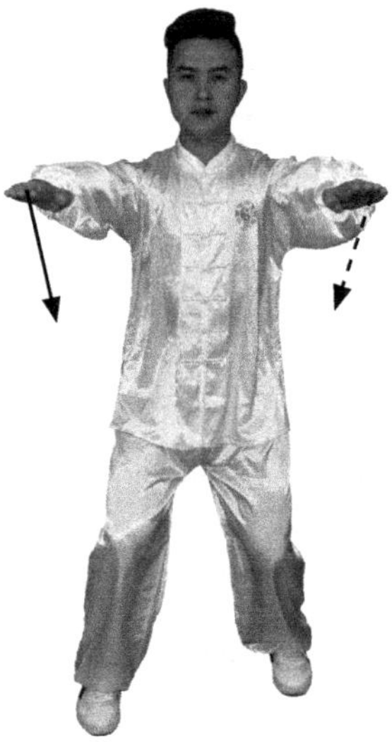

图 3–22

图 3–23

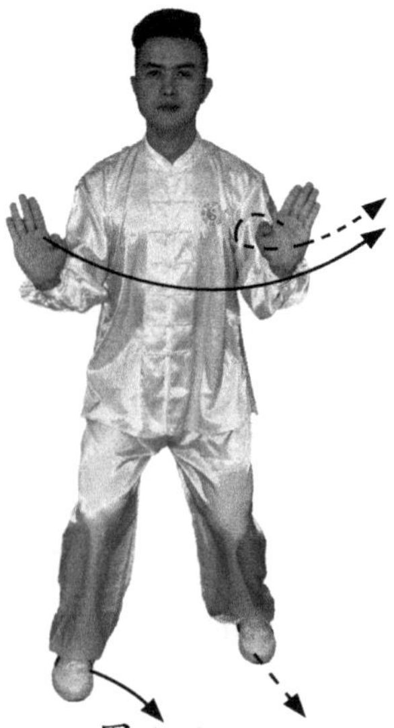

图 3–24

第二式　劈斗

动作一：身体左转，左脚向左前方上一步，右脚跟进一步，左脚略前成平行步；随即两臂随体转置于胸前，两腕伸直，右臂外旋翻掌使掌心朝上，左掌心朝下按压，同时吸气；目视前方。（图 3–25、图 3–26）

动作二：两脚不动；阴阳掌向前伸直插出；同时呼气，两掌略高于肩，距离略宽于肩，两眼平视。然后，重心略降低，同时吸气沉肘，两前臂一内一外下压，两掌变拳，两拳眼朝上，拳心相对。接着两前臂内旋外翻，两拳变掌旋转竖掌沉腕，两掌心朝前；同时慢慢呼气，发“呵呵”之声；两眼平视。（图 3–27~ 图 3–29）

图 3–25

图 3–26

图 3–27

图 3–28

图 3–29

动作三：身体右转，右脚向右前方上一步，左脚跟进一步，右脚略前成平行步；随即两臂随体转置于胸前，两腕伸直，左臂外旋翻掌使掌心朝上，右掌心朝下按压，同时吸气；目视前方。（图 3-30、图 3-31）

动作四：同动作二，唯方向向右前方。（图 3-32~ 图 3-34）

要领：左、右转身要拧腰转胯，两手掌心下沉成阴阳掌，阳掌防上、阴掌防下。

图 3-30

图 3-31

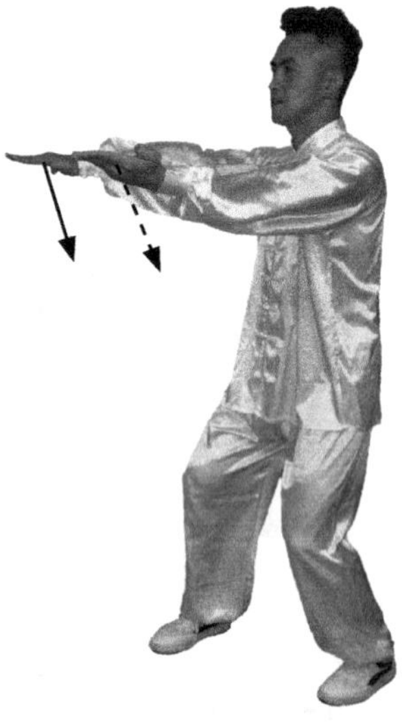

图 3-32

图 3-33

图 3-34

第三式　横肘掉捶双滚手

动作一： 身体左转，右脚向前进一步成三角步；同时，右肘屈肘前顶，左掌心朝内贴于右肘面，右拳在里；目视前方。（图 3–35、图 3–36）

动作二： 两脚不动；右肘下沉，右拳朝前上翻打，拳同肩高，拳心朝后，左掌按落于腹前，掌心朝斜前。（图 3–37）

动作三： 两脚不动；左拳向前击出，拳心朝下，同时右手成拳与左拳交叉下砸；接着双拳向前冲击，拳心朝下，力达拳面，吐气开声；两眼平视。（图 3–38 ~ 图 3–40）

图 3–35

图 3–36

图 3–37

图 3–38

图 3–39

图 3–40

动作四：两脚不动；右拳往前下挑起停于胸前，拳心朝上；左拳略收停于腹前，拳心朝下；两眼平视。（图 3–41）

要领：拧腰顺肩，肘顶对方胸腹，力达肘尖，弹拳要有弹抖之劲。冲拳要求力达拳面。要求沉身吸气，身转时腰部发力，吐气开声。

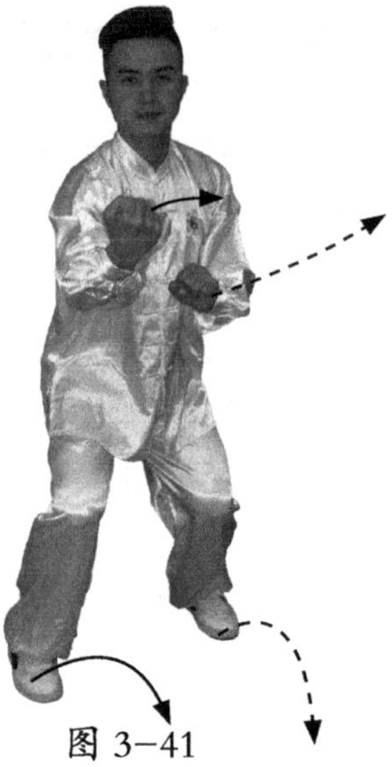
图 3–41

第四式　左纵步搓磨手

动作一：左脚向左前方纵步，右脚屈膝跟进，重心落于右腿，左脚脚尖点地收于右脚内侧成丁步；同时，左前臂从右腕下向前外伸、里缠，左掌心朝上、右掌心朝下成阴阳掌，连同右臂向下牵压停于左腰前，接着左掌翻掌，掌心朝下，两手吹劲上抬，发“呵呵”之声，力达指尖。（图 3–42~ 图 3–44）

动作二：两脚不变；左前臂从右腕下前外伸、里缠，左掌心朝上、右掌心朝下成阴阳掌，连同右臂向下牵压，接着左掌翻掌，掌心朝下停于左腰前。（图 3–45、图 3–46）

要领：纵步如鹤飞落于地，轻而稳，既是进攻之势，又是闪躲之步，手法密疾，拨挡、按压、推掌动作协调一致。

图 3–42

图 3–43

图 3–44

图 3-45

图 3-46

第五式　拨云望日

左腿屈膝上抬，脚尖朝下；同时，左手屈腕上抬于右脸侧，右手成勾自然后摆。接着，左脚向左后落步；左手成掌下按置于左腰，同时拧腰转胯，右前臂往左后靠压。（图 3-47、图 3-48）

要领：格挡、按压下拉、落步动作协调一致，拧腰转胯、推肩送肘顺达有力。

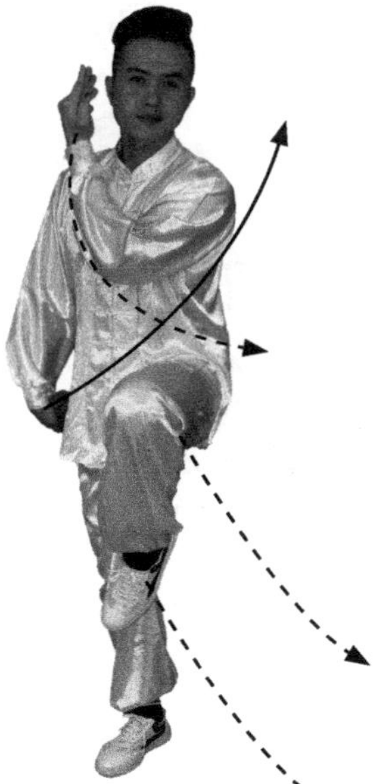

图 3-47

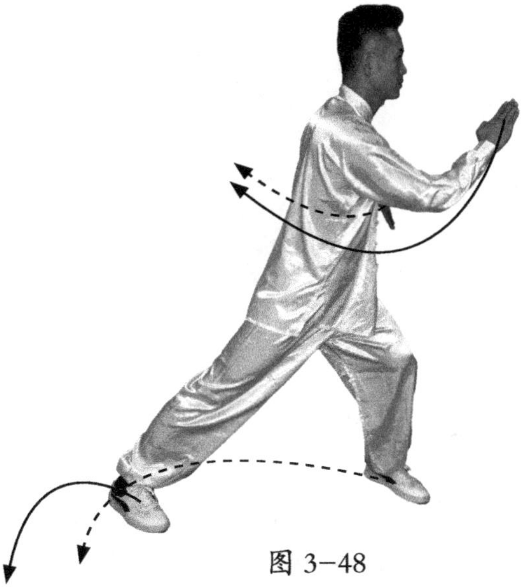

图 3-48

第六式　右纵步搓磨手

动作、要领同第四式左纵步搓磨手，唯左右相反，方向向右前方。（图 3-49~图 3-53）

图 3-49

图 3-50

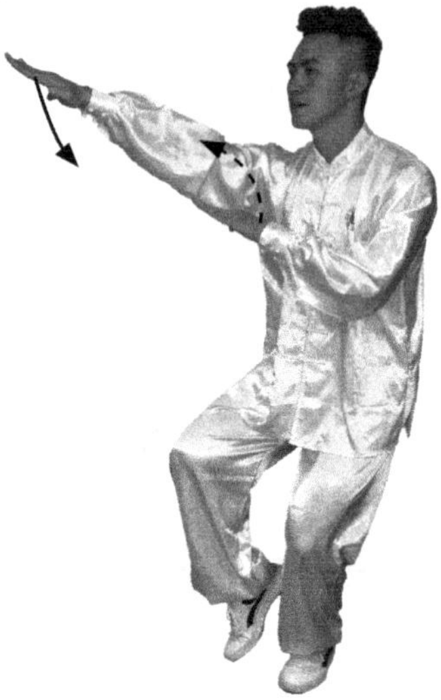

图 3-51

图 3-52

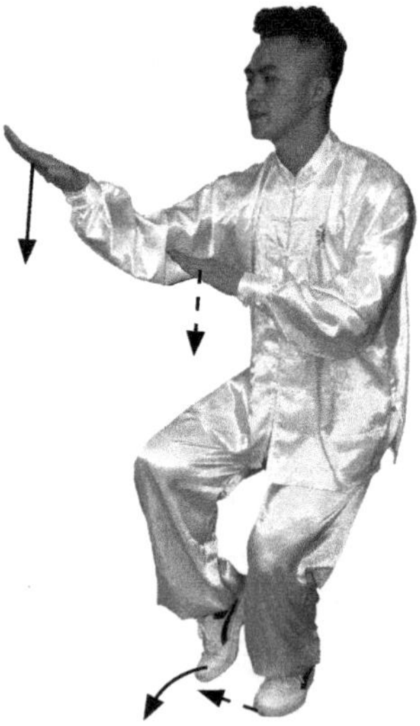

图 3-53

第七式　八仙掌

身体左转，右脚向前上一步，左脚跟步成平行步；同时，两掌变拳收回胸前，再向前翻转成掌，掌心朝前推击，略高于肩，距离略宽于肩，掌心朝前成竖掌；两

脚成马步，丹田发气，发“呵”之声；两眼平视。（图 3–54、图 3–55）

要领：借进步之势，腰部发力，两掌前推对方胸腹，带有振劲。

图 3–54

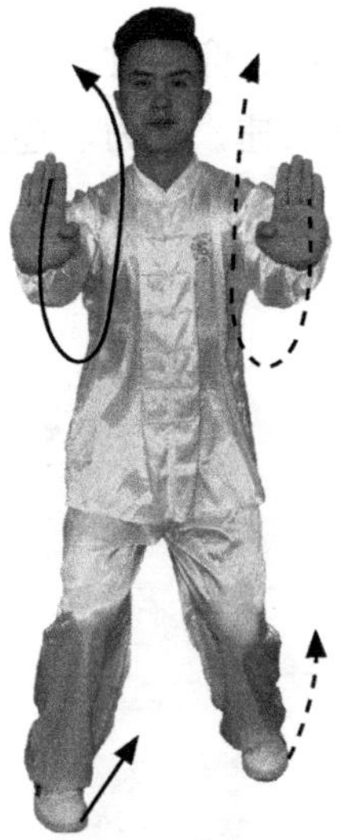

图 3–55

第八式　醉身洗翅双盖掌

动作一：左脚屈膝后撤一步，重心落于左腿，右脚跟步，脚尖点地成虚步，身体后仰；两掌成勾交叉互剪。（图 3–56~ 图 3–58）

图 3–56

图 3–57

图 3–58

动作二：随即右脚进步，左脚跟步；同时，两手变掌下砸前推，掌心朝前。

（图 3–59）

动作三：两脚不变；两掌心朝上收腰前，再由外向内翻掌下按，两掌心朝下；目视前方。（图 3–60~ 图 3–62）

要领：身体后仰之时，重心要稳。两掌交叉向中夹击状如剪刀，力点在两前臂，要求整个动作快速、有力、连贯。翻掌下按要有力，力达两掌外缘两侧。

图 3–59

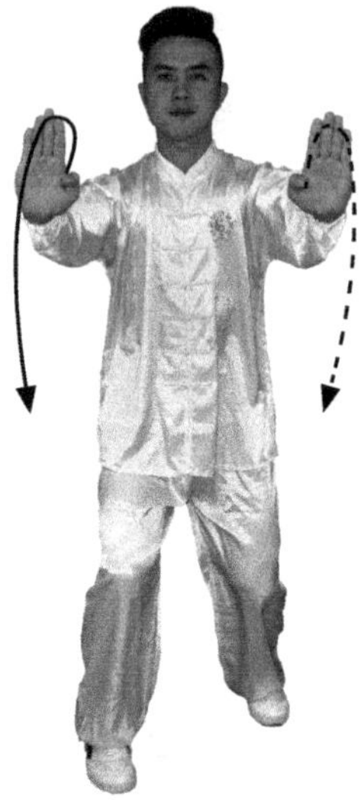

图 3–60

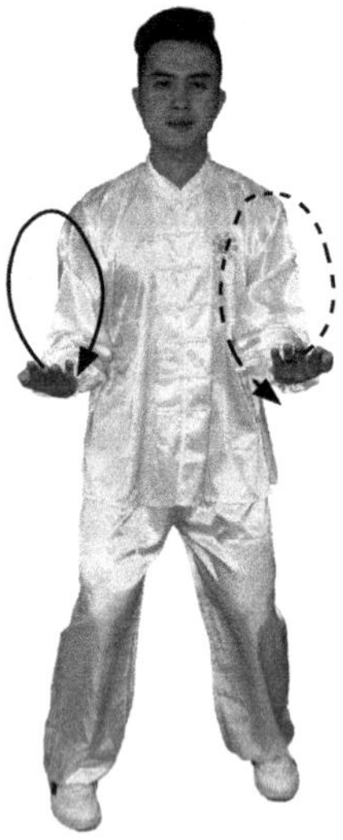

图 3–61

图 3–62

第九式　脱基

左脚向前进步，右脚跟步成平行步；两掌屈腕上提下扣成垂掌朝前下插，两掌

心相对；同时慢慢呼气，发“呵呵”之声；接着两掌成爪由内向上、向外翻转下按；目视前方。（图 3-63、图 3-64）

要领：丹田发气，屈腕上提、下插有力。

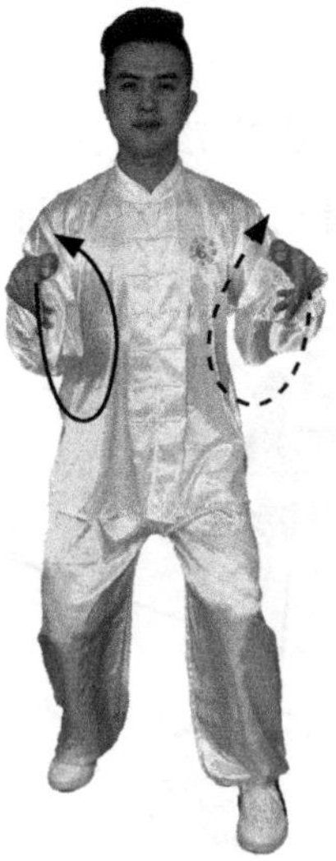

图 3-63

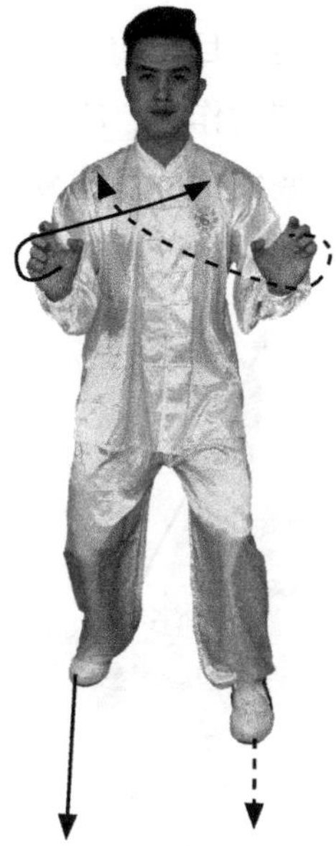

图 3-64

第十式　双卜锤

右脚进步、左脚跟步成平行步；两爪成拳相对向前冲击，吐气开声；目视前方。（图 3-65、图 3-66）

要领：揉开对方拳、臂，双拳击打其胸部，腰腿发力。

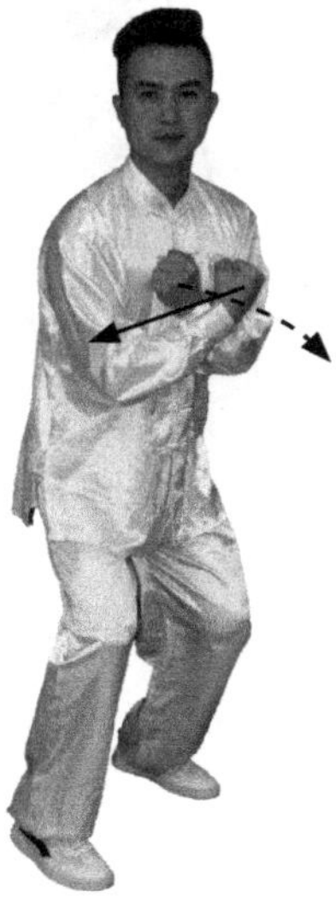

图 3-65

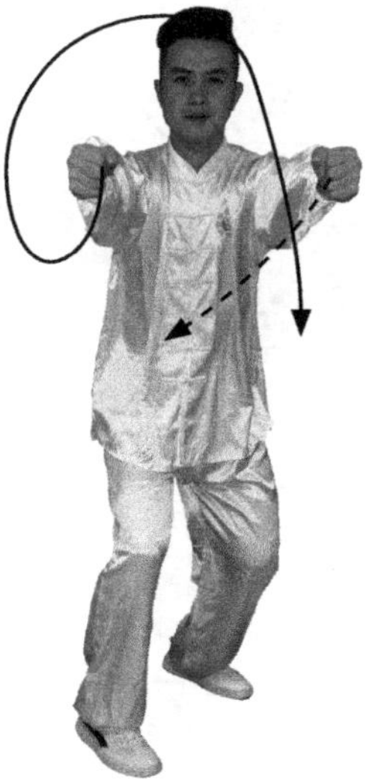

图 3-66

第十一式　鹤顶手摔箭

动作一：身体左转；右拳向左前臂下砸。左腿屈膝上抬，脚尖朝下；接着两掌屈腕成勾上提成鹤顶手，吐气开声如鹤鸣。然后，左脚向左前方落步成左弓步；两掌背下弹双推击；目视前方。（图 3–67~ 图 3–69）

动作二：同动作一，唯方向为右前方。（图 3–70~ 图 3–72）

要领：脚底发劲，丹田发力，吐气开声，松肩抖臂向前推击，似有推山之势。

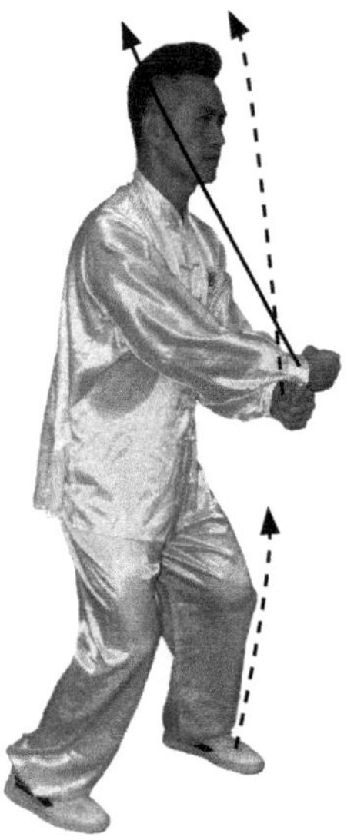

图 3–67

图 3–68

图 3–69

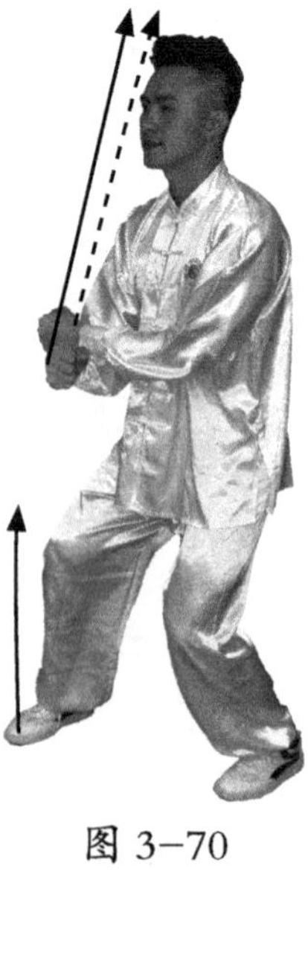

图 3–70

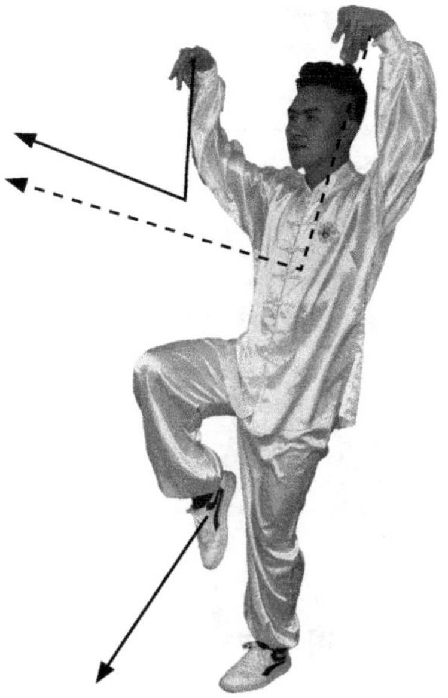

图 3-71

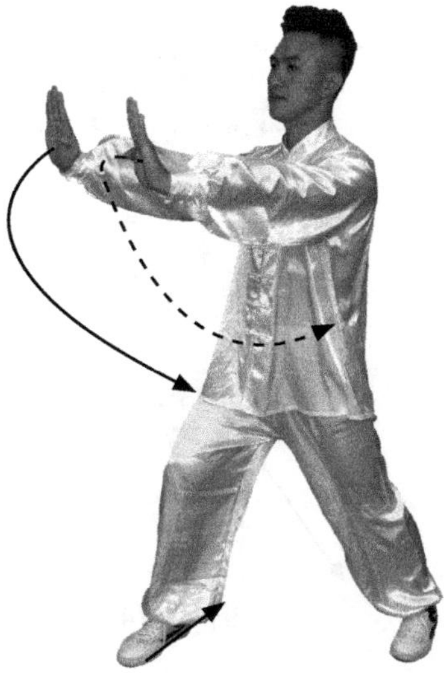

图 3-72

第十二式 付掌

右脚后撤一步，身体左转；左掌向右格挡后朝左下按压，掌心朝下，落于左胯前；接着右掌心朝前，向左上撩击，掌同腰高，两掌心前后相对；两眼平视。（图 3-73）

要领：退步重心要稳，落步转身要拧腰转胯，力达掌指，用掌撩击对方裆部。

图 3-73

第十三式 中心钹

两掌根相对划弧，左掌在上，掌心向右，右掌在下，掌心斜向左前；右腿屈膝提起，脚尖朝下。接着，右脚上步落地；两掌同时发劲向右前方推击，发“呵”之声。（图 3-74、图 3-75）

要领：落步要稳，两掌向前推击，力达掌根，动作快速、有力。

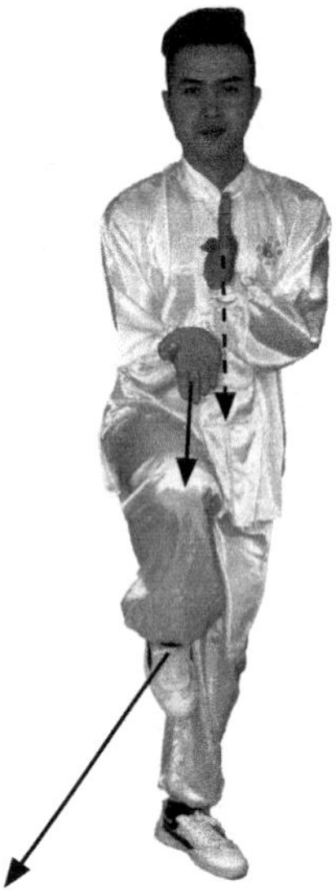

图 3-74

图 3-75

第十四式　挂插箭

动作一： 左脚上步；左掌上挑下插，指尖朝前下，右手立掌，掌心朝前；丹田发气，发“呵”之声；两眼平视。（图 3-76、图 3-77）

动作二： 同动作一，唯左右相反。（图 3-78、图 3-79）

要领： 拧腰转胯，上挑下插有力。

图 3-76

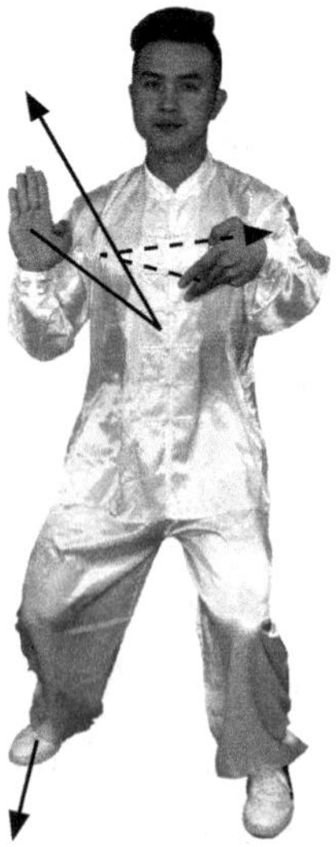

图 3-77

图 3-78

图 3-79

第十五式　三抬撞

动作一：左脚后退一步，右脚跟步后撤，两脚成四平马；左拧腰转胯的同时，两手立掌，掌心朝里，呼气发出“呵呵”声，两掌用吹颤劲向前弹击；目视前方。（图 3-80、图 3-81）

动作二：同动作一。（图 3-82、图 3-83）

动作三：同动作一。（图 3-84、图 3-85）

要领：拧腰转胯，落步沉稳。

图 3-80

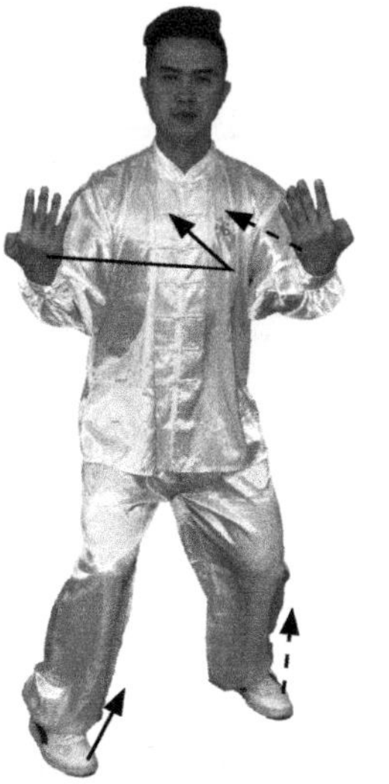

图 3-81

图 3-82

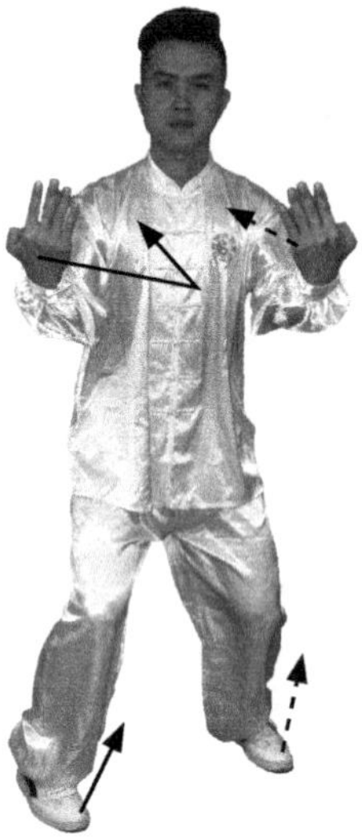
图 3-83

图 3-84

图 3-85

第十六式　劈斗反劈斗排拳

动作一：左脚向前方上一步，右脚跟进一步；随即两臂随身左转置于胸前，两腕伸直，右臂外旋翻掌使掌心朝上，左掌心朝下按压。然后，阴阳掌同时向前推击；目视前方。（图 3-86、图 3-87）

图 3-86

图 3-87

动作二：两脚不动；阴阳掌互换向前推击，同时呼气，两掌与肩同高、距离略宽于肩；两眼平视。（图 3-88、图 3-89）

动作三： 两脚不动，重心略降低；同时，吸气沉肘，两前臂内旋下压，两掌变拳翻转，两拳眼朝上，拳心相对，同时呼气；两眼平视。（图 3–90~ 图 3–93）

要领： 掌心下沉，两手成阴阳掌，阳掌防上，阴掌防下，推击要有力。

图 3–88

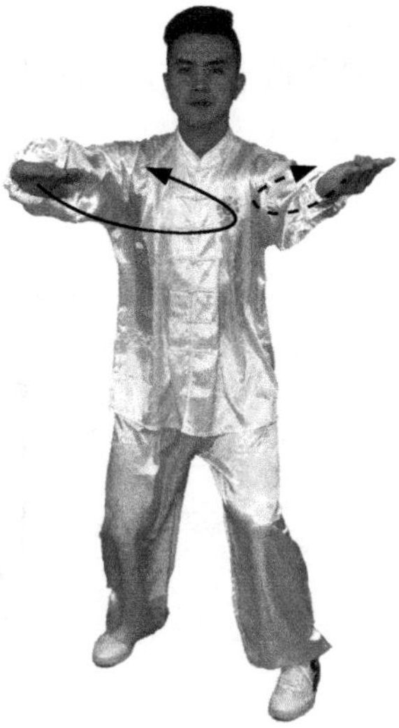
图 3–89

图 3–90

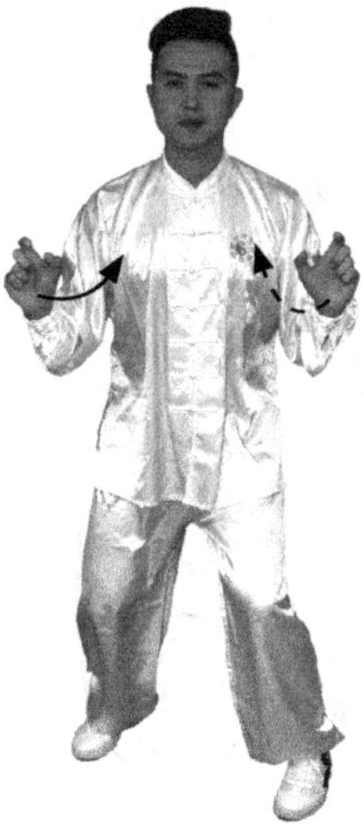
图 3–91

图 3–92

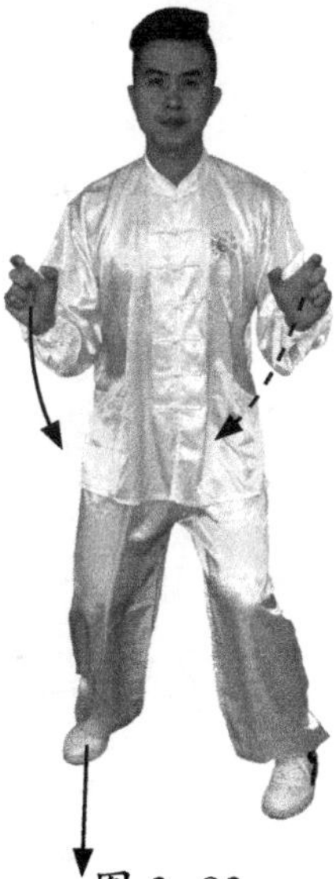
图 3–93

第十七式　三弹扣

动作一： 右脚向正前方进步；同时，两掌下砸后五指分开，略屈往前上弹击，

力达掌、指背；两眼平视。（图 3–94、图 3–95）

动作二：身体左转，左脚向左前方进步，右脚跟步；两手动作同动作一，唯方向向左前方。（图 3–96、图 3–97）

动作三：身体右转，右脚向右前方进步，左脚跟步；两手动作同动作一，唯方向向右前方。（图 3–98、图 3–99）

要领：手臂放松、动作突然、弹掌脆快。主要用于弹击对方面部，或扰乱对方视线。

图 3–94

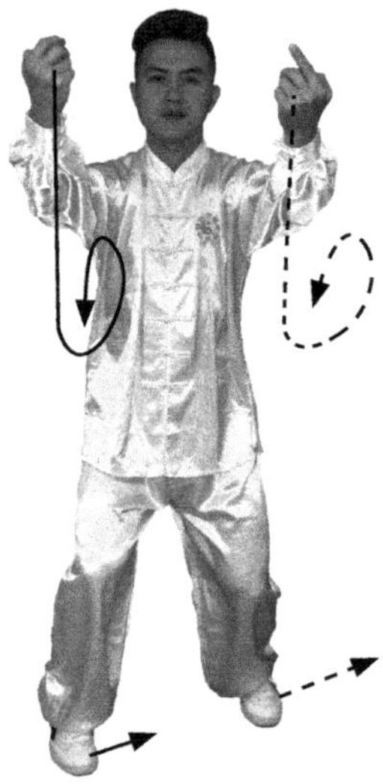

图 3–95

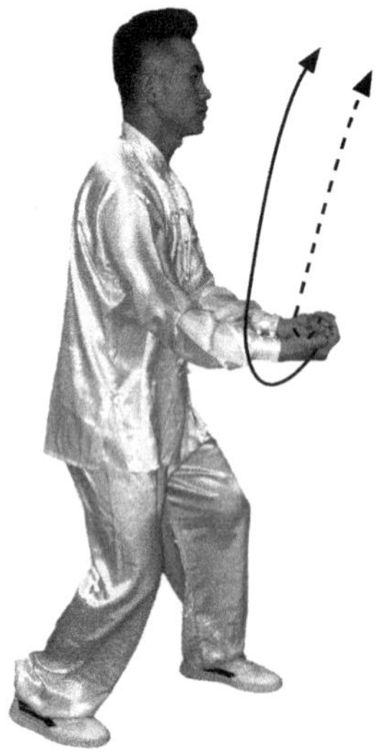

图 3–96

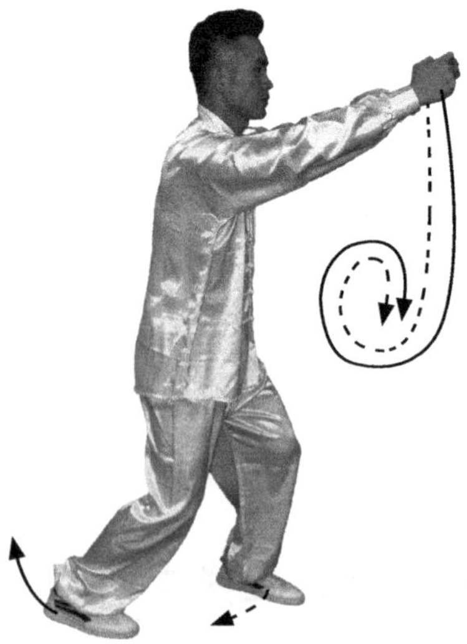

图 3–97

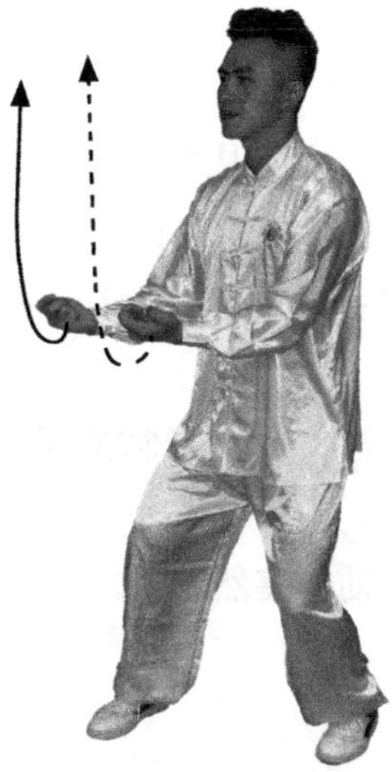

图 3-98

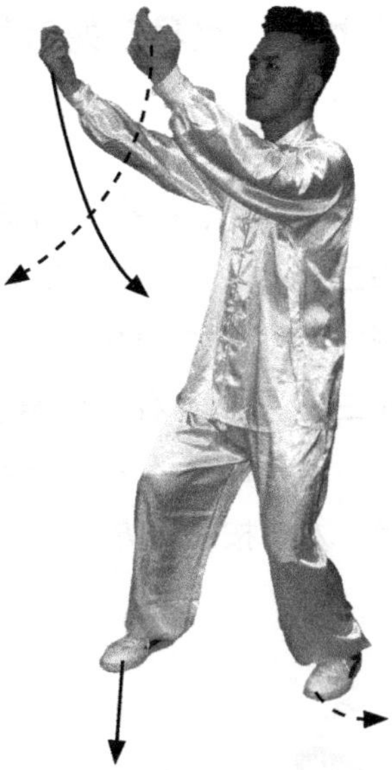

图 3-99

第十八式　双插箭

身体左转，右脚进步，左脚随之跟步成平行步；同时，两掌相对，朝前下双插掌；两眼平视。（图 3-100、图 3-101）

要领：两掌前插有力。

图 3-100

图 3-101

第十九式　点马三蛇吐舌

动作一：左脚退半步，右脚跟着退半步，脚尖点地，左掌从左向右按压于胸前；接着，右手伸直食、中指，屈紧其余三指，成二指掌前插。（图 3–102）

动作二：随即左手伸直食、中指，屈紧其余三指，成二指掌前插，右手按压于胸前。（图 3–103）

动作三：紧接着右手伸直食、中指，屈紧其余三指，成二指掌前插，左手按压于胸前，掌同眼高，掌心朝下；眼视插指。（图 3–104）

要领：左掌按压对方前锋手，用右手二指插其眼；动作突然。

图 3–102

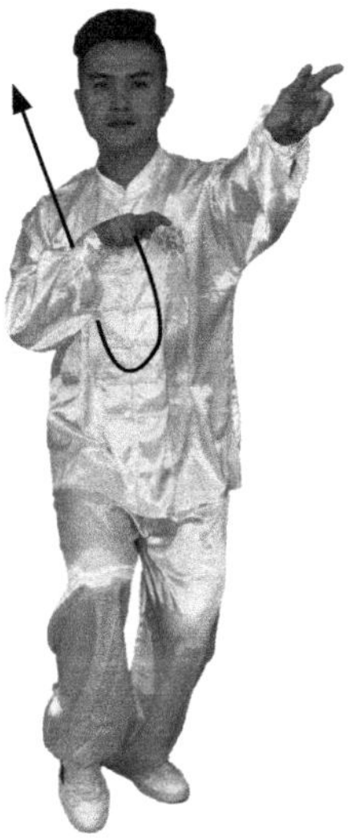

图 3–103

图 3–104

第二十式　滚身托下箭

左脚略向左后退步，右脚收点于左脚内侧成丁步；同时，右臂内旋，右掌上提略高于头，掌心朝下；左掌心朝上与右掌心相对，两掌略成狮子抱球状；接着，左肘上提里屈，左掌内勾，掌心朝下；右脚进步，同时右掌朝前推击；两眼平视。（图 3–105、图 3–106）

要领：重心要稳，左掌上托对方右臂的同时，右掌突然前插对方腹部。攻防动作须连贯、迅速。

图 3-105

图 3-106

第二十一式　罗汉撞钟

左脚上步成左弓步；同时，左掌立掌向前推击，右手握拳向前击打；吐气开声，两眼平视。（图 3-107）

要领： 掌指用劲前推的同时右拳突然向前击打。

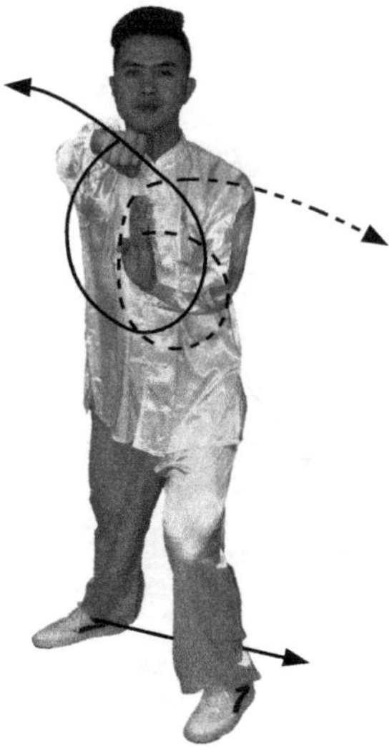

图 3-107

第二十二式　三卜锤

动作一： 右脚上抬铲腿；同时，右手握拳后抬，左掌左旋下按。（图 3-108）

动作二： 右脚向前落步成马步；同时，右拳自右后摆，然后自右向左上划弧上勾成右勾拳，左手变拳收于左腰际。（图 3-109、图 3-110）

动作三： 右腿屈膝，左脚绷直成右弓步左冲拳，然后右拳回带收于右腰际，接马步右冲拳。（图 3-111、图 3-112）

要领： 拧腰转胯，动作协调连贯、迅速有力。

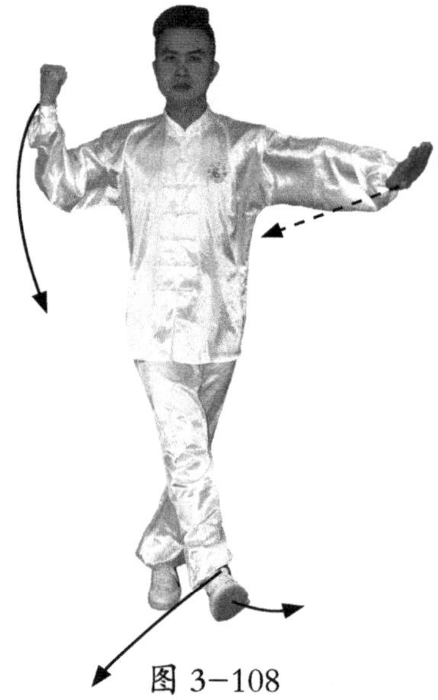

图 3-108

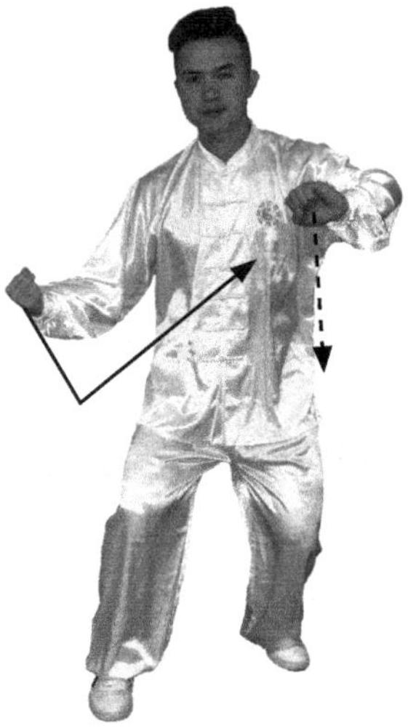

图 3-109

图 3-110

图 3-111

图 3-112

第二十三式　鹤跳步中心钹

动作一：身体左转，右脚略抬落于左脚前成交叉步。接着，两脚向后纵跳，右脚尖点地；两掌根相对划弧，左掌在上，掌心向右，右掌在下，掌心斜向左前。（图 3–113、图 3–114）

动作二：右脚进步；两掌同时发劲向右前方推击。（图 3–115）

要领：起跳、落步要稳；两掌向前推击，力达掌根，动作快速、有力。

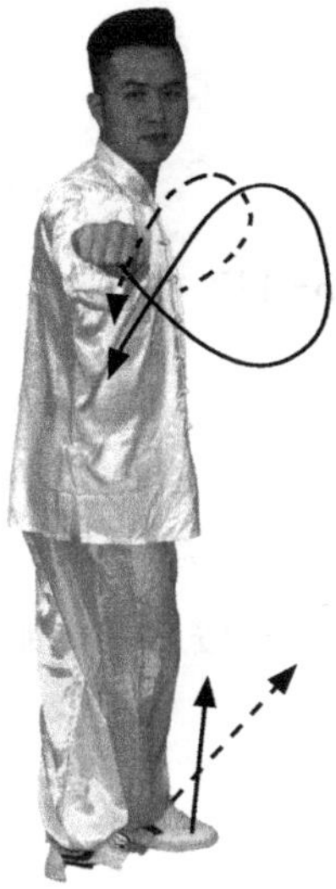
图 3–113

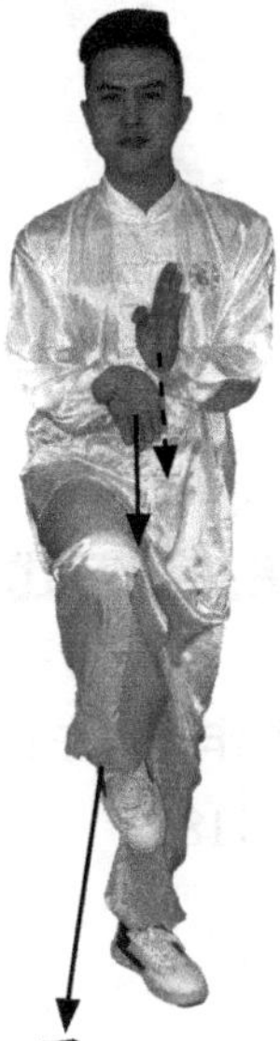
图 3–114

图 3–115

第二十四式　鹤顶手

右脚后退一步与左脚成平行步；两臂均屈腕，用掌背朝前上方顶击，两臂略伸直，两掌朝内，掌指朝下；两眼平视。（图 3–116、图 3–117）

要领：掌顶对方肩胸处，使对方臂麻而不能上举，肩关节功能受损。

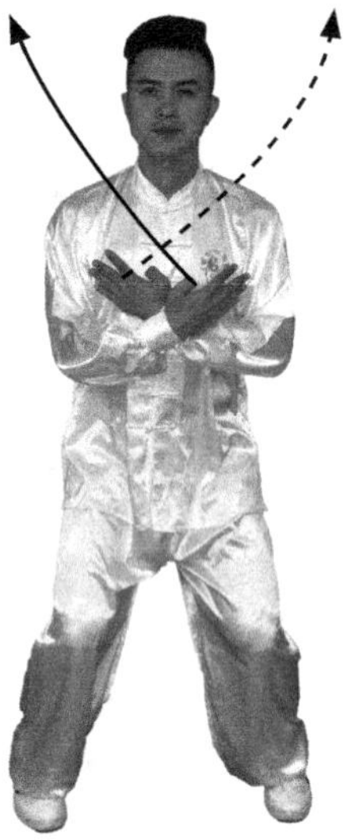

图 3-116

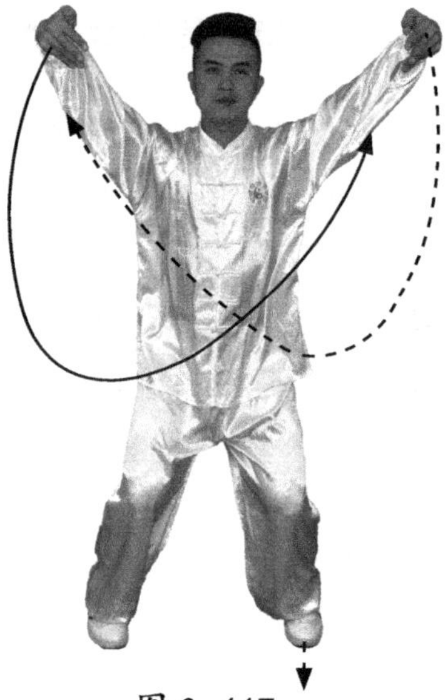

图 3-117

第二十五式　提翼打脚横拦

动作一：左脚上步；同时，两掌成鹤爪手内旋上抬往左右分开按压；两眼平视。（图 3-118）

图 3-118

动作二：右脚向前弹踢；然后，右脚向前落步与左脚成平行步，两腿屈膝下蹲；同时，两臂内旋，两掌里靠使小指一侧朝下，掌心朝后向裆下猛切；两眼平视。（图 3-119、图 3-120）

要领：左脚支撑，五趾抓地，脚跟不得抬起。弹腿应快速有力，踢击对方胸腹；利用右脚落步之惯性抖臂发力，既可挑开对方正面攻来的拳掌，又可用双掌直插对方胸肋。若对方起脚正面踢来，立即用双掌下切。

图 3-119

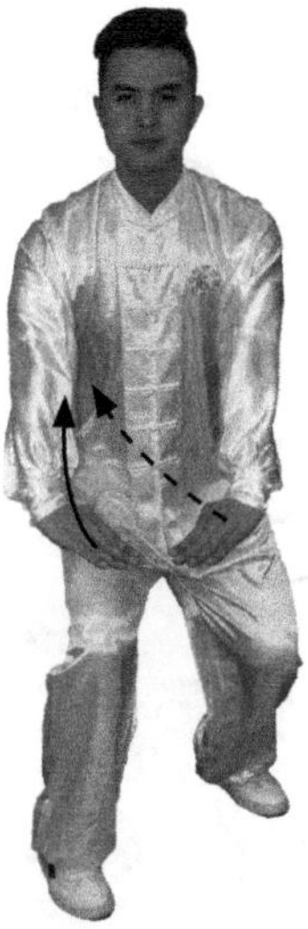

图 3-120

收势

动作一：左脚向左撤出一步，重心左移，右腿屈膝，脚尖点地；同时，两手屈肘上提至右腰侧，左手竖掌，掌心朝右，右手成拳，拳心朝上，小指一侧紧贴左掌心；两眼平视。（图 3-121、图 3-122）

图 3-121

图 3-122

动作二：右脚收回，两腿微屈成马步；同时，两手成掌分开，与肩同宽，两肘后退，两臂内旋翻掌，两掌下按停于两胯旁，掌心均朝下。（图 3–123、图 3–124）

动作三：左脚收回并步；两臂自然贴靠于两腿外侧；两眼平视。（图 3–125、图 3–126）

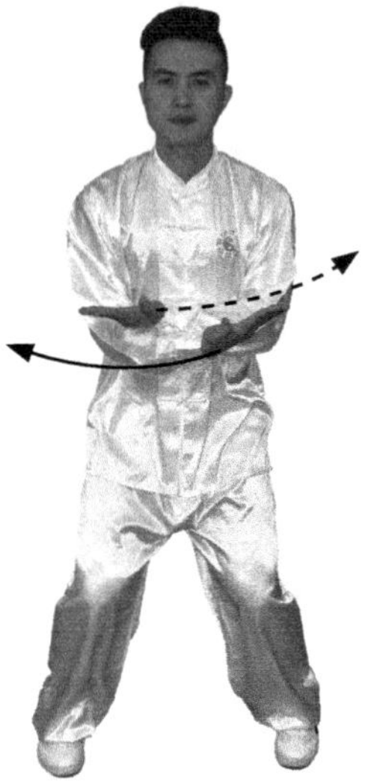
图 3–123

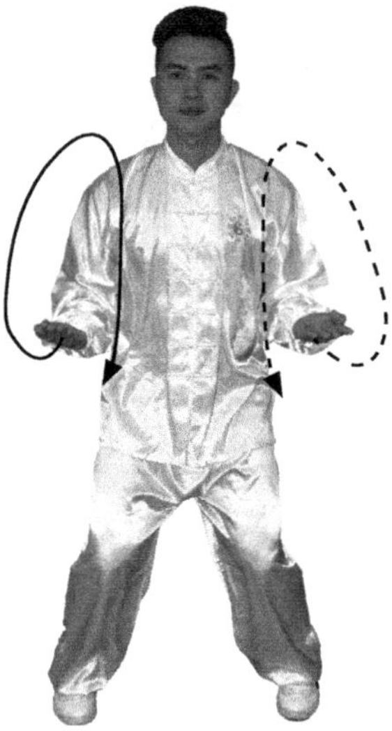
图 3–124

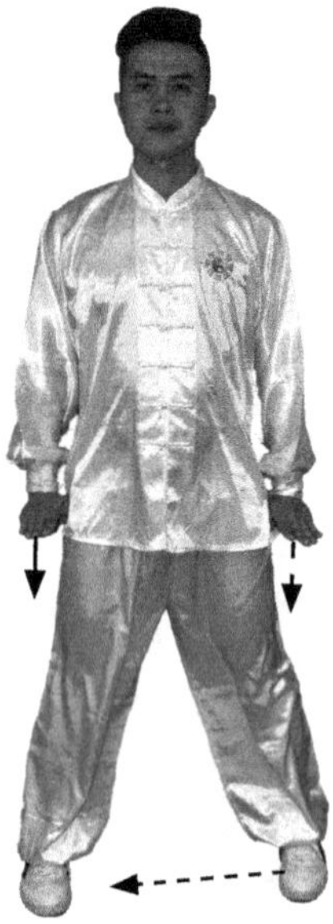
图 3–125

图 3–126

连城拳

第一章　连城拳概述

“拳以地名，地以拳兴”，连城拳是闽西客家县连城县地方传统武术的总称。作为福建省非物质文化遗产的连城拳，内容丰富、风格独特，是闽西客家传统文化的重要组成部分。连城拳急促凌厉、舒展大方，不仅具有北方拳种流派的精华，而且吸取了南方众家拳法的特长，广泛流传于福建的连城、上杭、长汀、龙岩、清流、宁化、永安、三明、明溪、沙县等地及湖南省、江西省、台湾等省份和地区。民国初期还传播到新加坡、马来西亚和泰国等东南亚地区。

一、连城拳的源流

连城县习武之风源远流长，始于宋代，盛于明清，历代武馆四处可见。为推动民众习武，清康熙四年（1665 年），县令杜士晋曾在城关北门外二里处彭坊桥之侧建了一座演武亭，亭左尚有讲武榭，供民众练武和切磋技艺。1948 年（民国三十七年），成立林田乡梨井保国术研究社，研究和弘扬武术。数百年来，连城县尚武之风世代相传、从未间断，练拳使棍者常年不辍，以武术考取功名者甚多，仅明清时期就有武举人 144 人、武进士 8 人，特别是乾隆年间（1736—1796 年），武举人多达 44 人。

连城县属于客家县，连城拳的起源大致有以下三种说法：①客家人从中原迁徙至闽西地域，经历了艰难曲折，在迁徙过程中为了抵御外族和猛兽的袭击，一些族人开始学习拳术并在本族内相互传授，后得以世代相传，由此形成客家独特风格的传统拳术；②宋代，中原大部被北方的外族侵占，一部分客家人为了躲避灾难南下闽西地区，一些客家祖先为了驱除外族、恢复家园，召集族人勤奋练拳，并在宗族内相互传授。明清时期，连城习武之风盛行，部分宗族与宗族、村与村、乡镇与乡镇之间互相请师傅传授武艺。经过长期群居生活，大家互相学习交流、取长补短、融会贯通，形成了连城境内内容丰富、风格相近的独特的武术体系；③据《连城县县志》记载：宋端拱二年（989 年），南田村（隔川乡隔田村）黄姓第三代黄九四郎护送县令荣归河南时，到河南登封少室山（今嵩山少林寺）随蔡、董、孙三僧习少林拳法数年，后返家乡教习族人。到清顺治十七年（1660 年），拳师黄思焕前往浙江经商，结识拳师黄百家及其师王征南，三人互相切磋拳技，黄思焕得黄百家、王征南的悉心指教，融两家精华于一炉，武功更精进一层。清中叶，黄观杰等拳师在实践中精益求精，使套路更加精炼、充实和完善，并创建了“兴武社”，规定每年正月二十日为“天川胜会”，为一年一度的连城传统武术检阅日。

中华人民共和国成立后，连城县各乡村男女老幼习武之风更盛，农闲或雨天聚集在祠堂、厅堂由拳师教授武术。“文革”期间，连城县武术活动受到冲击，作为民族传统体育文化的武术被视为“封建遗产”，世代相传的武术典籍和长四米、重六十公斤的大刀及刀、枪、剑、棍等兵器被视为“四旧”，被红卫兵焚毁。

到20世纪80年代初，国家重新重视传统文化的传承，福建省体委（今福建省体育局）专门成立了地方传统武术挖掘小组，并到连城县组织了莲峰镇、隔川乡、文亨乡、林坊乡等老一辈拳师进行交流、挖掘、整理，因各村、各姓氏拳法风格相近，套路大同小异，故将当时的连城地方传统武术统称为“连城拳”。经专家论证后录入福建省七大拳种、全国129种拳种之一。

二、连城拳的风格特点

综观连城拳的套路，可见其架势适中，以中下盘为主，身活步健，运手莫测，防守严密，前后兼顾，瞄守两侧，进退有法，拳势猛烈，擅长短打，讲究吞吐浮沉。门户紧，来势凶，吞三分，吐三尺，进如猛虎出山，退似猫儿戏鼠；子午中正，步隐腿快，肩灵拳活，腰拧劲发，肘手连攻。轻而不浮，沉而不僵，兼南北二家之长，既舒展又凌厉。

（一）以静待动，后发制人

主张以静待动，不轻易出手。认为动则气浮，静则神定，必须让敌人先动手，然后伺机反击，即在敌人旧力欲过、新力未来之时进行反击最易取胜。方法有二：①守中攻，当敌手直拳进攻我头部，我手上架或外格，另一手连防带进，进攻敌手；②躲闪攻，当敌手一脚踢我裆部，我则吞身避之，待敌落空欲收脚时我即突然顺势进击，将敌击倒或中伤。

（二）劲力突击，动作快速

连城拳讲究发劲，以气催力，气行一贯，动作神速，一触即发，触如电，发如箭。利用足、腰的蹬、拧之力将全身之劲贯到拳面、脚尖，做到击则中、中则狠。连城拳还讲究动作的速率：一是防守转入进攻的动作衔接甚紧；二是当击中对方或进攻一旦被对方守过，则连续进攻使对方防不胜防。全凭蓄力如弓、发力似箭，以速御迟，做到遇敌犹如火烧身，破敌全凭快、重、狠。

（三）手法丰富，周身似手

连城拳讲究手脚并用，头、肩、肘、胯、膝等部位也可攻可守，变化多端，故曰“七臂”并用。其进攻方法颇多，有头击、肩撞、肘靠、胯挤、膝顶、拳打、脚踢等法。其架式沉宏，以中下盘为主，身灵步健，运手莫测。

（四）防守严密，短打为主

连城拳讲究自保（防守），认为短手贵自固，其防守动作无论是格、封、拦、截均讲究抖劲，动作的制动性很强。防守均系一发即收，利用身体的闪躯、吞吐和两手的防守，最忌动作大、门户空，认为无守无攻，守为攻上，先守后攻，攻则兼守，做到守时思攻敌，攻中顾守擒。

（五）身灵步活，手脚并重

连城拳与其他南拳的不同点是身灵步活，动作以斜身（侧身）为主。套路练习中对步型的准确性要求并不很高，但却十分强调移动的速度，要求“进退如风，来去无影”，打人先进步，步活方为高。此外，还要求身活似猿，讲究吞吐，认为守吞三分，进吐三尺。

连城拳法认为“起脚不过腰”，但腰以下腿法动作甚多，有踢、踹、蹬等，最常用的是“勾拨”，勾拨的训练法为勾拨重点脚和脚勾石锁，进攻时一脚用勾拨动作“卡”住对手脚跟，配合上肢手法推、击等动作将敌击倒。它很重视腿法的训练和应用，在其拳谱里也有“手打三分腿打七”的提法，其下肢动作配合紧密，时常指上打下、指下打上、手脚并进，使敌手防不胜防。

三、连城拳的拳理

练功不出力，打人打不疾，守时思攻敌，攻时发大力。练武不熟用则生，勤打深究艺自真；下下均宜乾坤手，步步须立泰山桩；架势过高易受敌，步子太低不受力；不高不低宜退进，不即不离桥两臂；两手务要护身救，护胸以防当心肘；磨盘脚法最难寻，非拳非脚不可紊；手打三分脚打七，三峰七臂眼第一；浮应巧，沉而夯，柔须绵，刚则脆，一观二顾三出手，以静待动后制人。

（一）“七臂”并用

连城拳的演练除讲究手脚并用外，头、肩、肘、胯、膝等部位也可攻可守，变化多端，故曰“七臂”并用。

（二）发劲刚脆，身活似猿

连城拳演练的发劲动作要求根在两足，劲在腰间，起于脚，发于腰，催于肩，顺于肘，达于手。利用足的蹬顶、腰的拧转、肩的前送发劲。要求腰腿身手的劲力贯串一气，不可松懈，做到轻而不浮，沉而不僵。运手务柔，着手须刚。它有长拳发劲时的刚柔相济，又兼有南拳擅短手、劲力突出、拳势激烈的特点。

连城拳的身法动作亦讲究吞吐浮沉，左闪右躲。在演练中要做到头似波浪，腰似杨柳，眼随手动，身灵步活，刚柔相济，必须像猿猴般那样灵敏快捷，吞吐自如。

（三）行之风快，来去无影

连城拳与其他南拳不同的是步快身活，行走如风，在做弓步、马步、仆步、虚步、盖步、叉步等多种步型及垫步、纵步、击步等步法时要求进如卷风扫柳，退似败叶随风；架子要适中，高则浮、低则慢，中等架子才能进方便、退自如，做到来无踪、去无影。

第二章　连城拳基本技术

一、连城拳手型手法和步型步法

（一）手型和手法

1. 平拳

四指卷紧，拇指内扣于食、中指中节，要求拳面平。（图4-1）

平拳的方法有冲、劈、鞭、盖、撩、格、拦、架、捣。

图4-1

2. 姜拳

四指并拢，中梢节紧内屈，拇指内扣。（图4-2）

姜拳的方法有冲、扣、撩、推、挫、顶、捣。

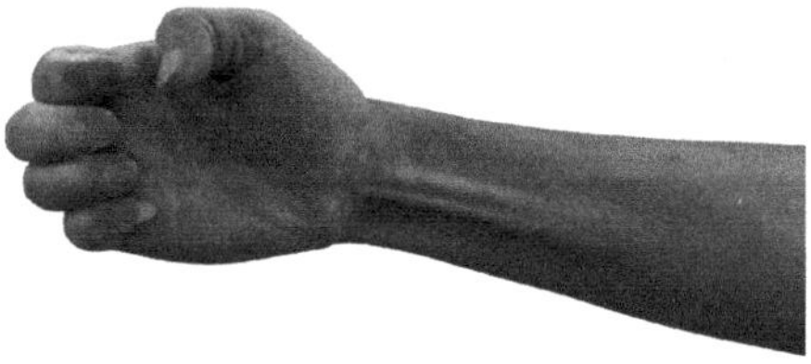

图4-2

3. 凤眼拳

四指卷紧，拇指扣在食指第二指节上，中指第二指节向前突出。（图4-3）

凤眼拳的方法有冲、贯、挫、顶、捣。

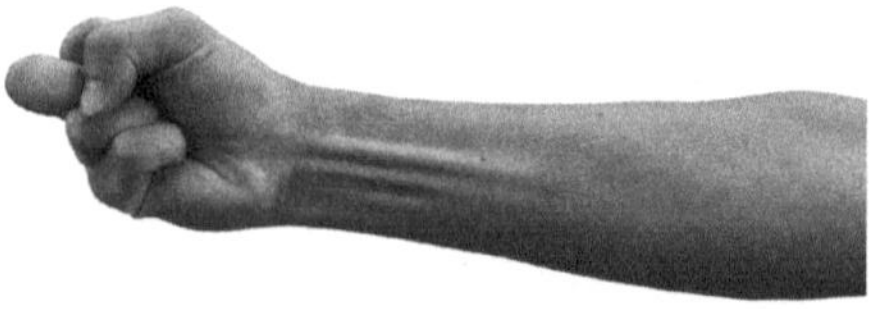

图4-3

4. 手刀（掌）

图 4-4

四指并拢后翘，拇指内扣。（图 4-4）

手刀（掌）的方法有砍、劈、扣、推、插、切、挂、搂、推、击。

5. 勾

五指尖撮拢，屈腕。（图 4-5）

勾的方法有拉、啄、刁。

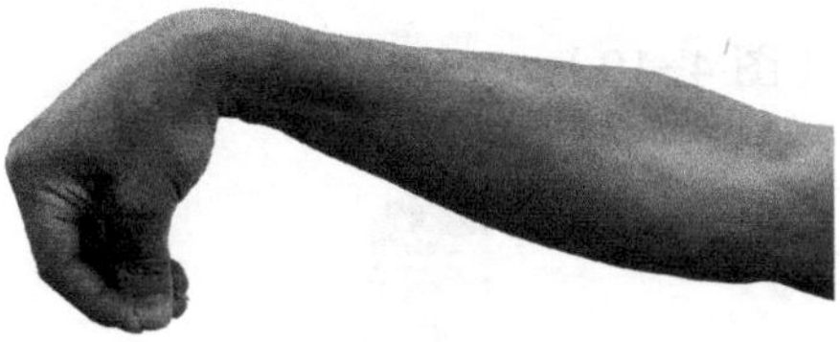
图 4-5

6. 虎爪

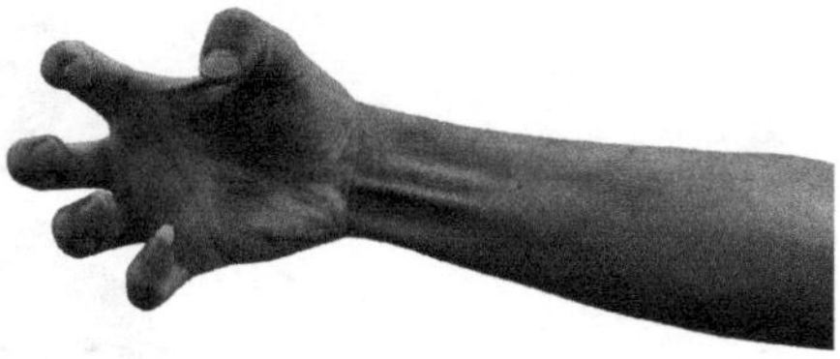
图 4-6

五指张开，第一、第二指关节扣紧。（图 4-6）

虎爪的方法有抓、撕、锁、掏、撩、托。

7. 指

单指为姜指。（图 4-7）

姜指的方法有点、插、扣、格、封。

双指为金剪指。（图 4-8）

金剪指的方法有点、插。

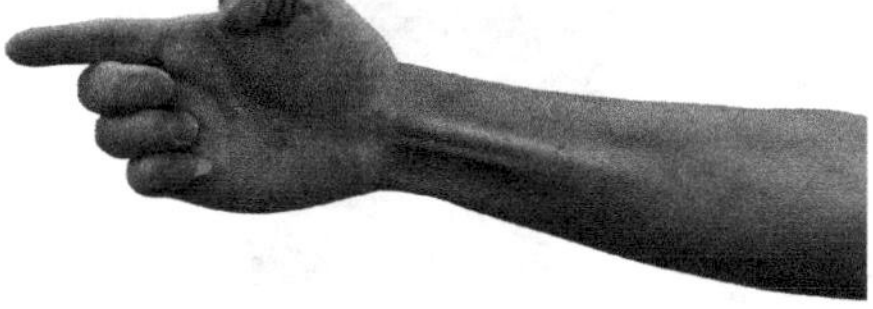
图 4-7

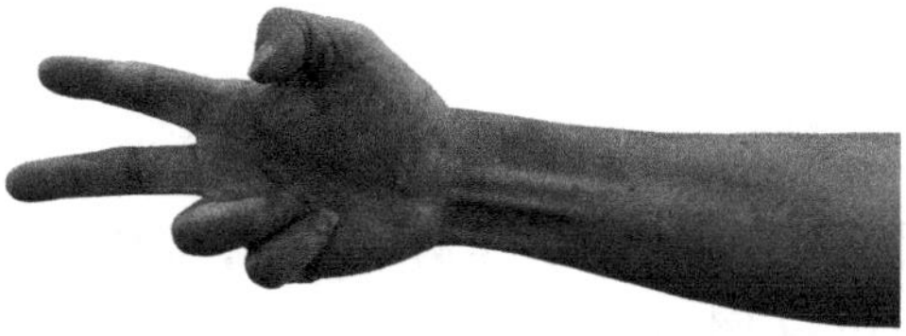
图 4-8

（二）步型和步法

1. 弓步

前腿屈膝，大腿略高于水平，扣脚裹膝，膝与脚尖成垂直线；后腿绷直，脚尖内扣，全脚掌蹬地。（图 4–9）

图 4–9

2. 马步

两脚开立，宽约本人脚掌的两倍半，屈膝下蹲，大腿与地面约成 45°，马步略成八字形。（图 4–10）

图 4–10

3. 虚步

后脚脚尖外展 45°，屈膝半蹲，大腿略高于水平，前脚脚尖虚点地面。（图 4–11）

图 4–11

4. 仆步

一脚脚尖外展 45°，屈膝全蹲，另一腿伸直仆地，全脚掌着地，脚尖内扣。（图 4–12）

图 4-12

此外，还有丁步、跪步等步型和盖步、叉步、跃步、蹍步、垫步等步法。

二、连城拳基本动作练习

（一）子午腰练习

1. 原地练习

练习者马步站立，子午中正，双手抱拳于腰间，向左拧腰，使两肩连线与马步两脚连线夹角成 90°；然后，右手屈肘从右向左震于胸前，目视前方；再而向右拧腰，使两肩连线与马步两脚连线夹角成 90°，同时左手屈肘从左向右震于胸前，目视前方。依次循环练习。

2. 行进间练习

练习者马步站立，子午中正，双手抱拳于腰间，向左拧腰转胯，使两肩连线与马步两脚连线夹角成 90°，随即向右拧腰还原成马步站立姿势；然后，右脚向左脚移半步，左脚向左迈半步成马步，向左拧腰转胯，使两肩连线与马步两脚连线夹角成 90°，向右拧腰还原成马步站立姿势。依次循环练习。向右则左右相反。

（二）缠丝手

练习者马步站立，子午中正，提起乾坤手，右手屈肘于胸前，掌心向内，左手撑于腹前，掌心向下；然后，向右拧腰，右手向右格挡，前臂内旋沉腕并扣手下按于腹前，同时左手由下向上、向左格挡于胸前；再而向左拧腰，左前臂内旋沉腕并扣手下按于腹前，同时右手由下向上、向右格挡于胸前。左右依次循环练习。含胸拔背、沉肩坠肘，两肘护于两肋旁，眼随手动。

（三）三角桩组合

练习者右脚向前迈步成马步，右手握拳提于肩、砸于右膝旁，左手撑掌护于右胸前；然后，右脚向右侧迈步成右弓步，右拳变掌由左向右格挡，掌心斜向上，指尖朝前；同时，前臂内旋扣手、沉腕，收右手于右腰侧，左、右手依次向前各冲一拳；再而右脚收回左脚侧成丁步，右拳变掌收回胯旁由内向外格挡，左拳变掌护于腹前；之后，右脚外撇落下，左脚向前迈步成马步，动作同上，左右相反。依次循环练习。

第三章　连城拳套路动作详解

本套路萃取连城拳的技术动作精华编排而成。连城拳以中下盘为主，身活步健，运手莫测，防守严密，前后兼顾，瞄守两侧，进退有法，拳势猛烈，擅长短打，讲究吞吐浮沉。门户紧，来势凶，吞三分，吐三尺，进如猛虎出山，退似猫儿戏鼠；子午中正，步隐腿快，肩灵拳活，腰拧劲发，肘手连攻，轻而不浮，沉而不僵，兼南北二家之长。

一、动作名称

预备势
第一式　起势
第二式　关公捋须
第三式　黑虎掏心
第四式　风车手
第五式　牵牛喝水
第六式　双龙抢珠
第七式　石沉大海
第八式　燕子出水
第九式　铁牛入石
第十式　盘古开天
第十一式　梅花五拳
第十二式　狮子开口
第十三式　蛟龙出海
第十四式　美女照镜
第十五式　青龙探爪
第十六式　猴子攀枝
第十七式　和尚撞钟
第十八式　猛虎出山
第十九式　镰刀削竹
第二十式　黄龙出洞
第二十一式　收势

二、动作图解

预备势

两脚并立，身体直立，双手成掌自然下垂于大腿外侧；目视前方。（图 4-13）

图 4-13

第一式　起势

身体直立，左手立掌收于右胸前，向左格挡至左胸前，掌心向右，指尖与肩同高；右手握拳屈肘，拳面贴靠在左掌掌心，拳心向下；目视前方。（图 4-14）

要领：左手立掌，右手握拳，抱拳于胸前。

图 4-14

第二式　关公捋须

动作一：身体直立；同时，双手变掌提于胸前，沉肘于两肋，掌心向上；目视前方。（图 4−15）

动作二：随后，双手翻掌下按于腹前，掌心向下手指相对；向左甩头目视前方。（图 4−16）

要领：眼睛平视，下颌微收；两掌由下往上内旋提起，再翻腕下按。

图 4−15

图 4−16

第三式　黑虎掏心

动作一：左脚往左迈步成马步；同时，左掌向左格挡，右手握拳抱于腰间；目视左侧前方。（图 4−17）

动作二：身体左转成左弓步；同时，左掌握拳抱于腰间，冲右拳；目视前方。（图 4−18）

动作三：身体右转成马步；同时，左手向前下方冲左拳，右手收回腰间；

图 4−17

目视左侧前方。（图 4–19）

要领：目视左前臂外旋格挡，手掌向外翻压。两脚不在同一水平线上，左脚偏左。蹬腿转髋冲拳，力从腿腰到手转化，力达拳面。扣脚转腰成马步冲拳，拳面朝斜下。

图 4–18

图 4–19

第四式　风车手

动作一：身体不动；左脚收回迅速由前向左弧形迈步成马步；同时，左拳经腹前收至右胸前成单指；目视左侧前方。（图 4–20）

动作二：身体左转成左弓步；同时，右拳变单指，左单指向左格挡于左胸前，右单指经右封于左膝上方，两手臂屈肘，手心向外；目视前方。（图 4–21）

要领：左手旋臂格挡，右单指向斜下方；转胯、蹬腿、斜切成弓步。

图 4–20

图 4–21

第五式　牵牛喝水

动作一：身体略左转，右脚经前向右弧形迈步成半马步；同时，右单指变掌经胸前向右前方穿掌，左单指变掌按于腹前；随之身体右转；目视右掌。（图 4–22）

动作二：半马步变右弓步；同时，右臂内旋，右掌握拳，左掌向右拳前上方握拳，双拳往右腰侧扯，左手扯于右大腿外侧，右手扯于右胯旁；目视前方。（图 4–23）

图 4–22

图 4–23

动作三：身体不动；左拳向左前下方鞭拳，力达拳背，右拳收于腰间；目视前方。（图 4–24）

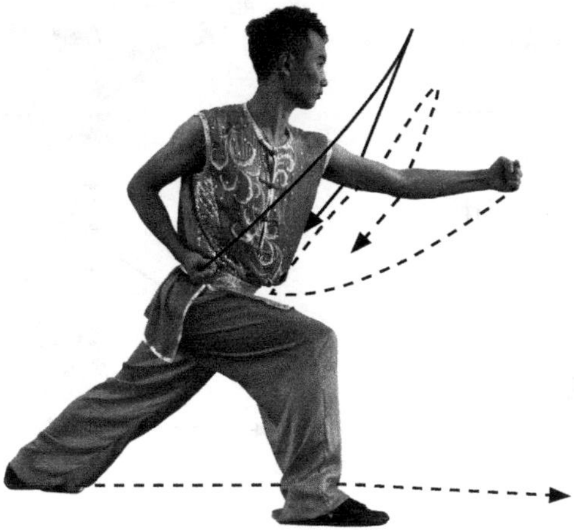

图 4–24

动作四：身体略右转，左脚经前向左弧形迈步成半马步；同时，左拳变掌经胸前向左前方穿掌；随之身体左转，半马步变左弓步；手臂内旋，左掌握拳，右拳变掌向左拳前上方握拳，双拳往左腰侧扯，左手扯于左胯旁，右手扯于左大腿外侧；目视前方。（图 4–25）

要领：左右手由上向下旋臂再往右斜后方拽，同时右脚向斜前方成半马步成弓步，并转胯向正前方冲拳，拳眼向上。

图 4–25

第六式　双龙抢珠

左脚尖外撇 45°，左拳变掌经胸前由左向右划弧抱拳收于左腰间；同时，左腿直立，右脚弹腿，右拳变双指从腰间向前插出，与眼同高；目视前方。（图 4–26）

要领：双指分开，弹腿由屈到伸，力达脚尖。

图 4–26

第七式　石沉大海

身体右转，右脚向后撤步，收左脚，左膝跪于右脚旁

成跪步；同时，左拳由上向下格挡于左膝外侧，右手握拳收于腰间后架拳于头顶；目视左前方。（图 4–27）

要领：右手旋臂上架，左手下旋格挡，前臂略往前，左右手成对拉。

图 4–27

第八式　燕子出水

动作一：身体左转，迈左脚成左弓步；同时，左拳变掌由下向左格挡，右拳抱于腰间；目视前方。（图 4–28）

动作二：右拳变姜拳由下往前挑于左膝前方；同时，左掌抱拳收于腰间；目视前方。（图 4–29）

要领：左前臂旋架，左掌掌背力达指尖，姜拳由腰间发力往斜下方冲，力达指关节。

图 4–28

图 4–29

第九式　铁牛入石

动作一：身体右转，收左脚成左虚步；同时，左拳变姜拳由上向下格挡于左膝旁，右手握拳收于腰间；目视左侧前下方。（图 4–30）

动作二：身体左转，左脚尖外撇踩实屈蹲，右腿由后向前钩扫成仆步；同时，双手变掌由左向右劈于前仆腿内侧；目视右侧前方。（图 4–31）

图 4-30

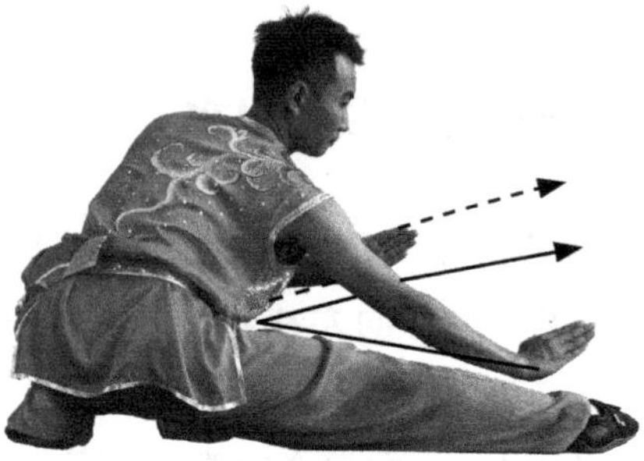

图 4-31

动作三：身体转正，仆步变右弓步；同时，双掌握拳从腰间向腹前方下冲拳；目视前下方。(图 4-32)

要领：左手由上往下旋臂、往下切力达前臂，目视前下方；仆步钩扫、手掌轮劈，力达掌根；冲拳从仆步转化弓步，双拳从腰间发力，力达全面。

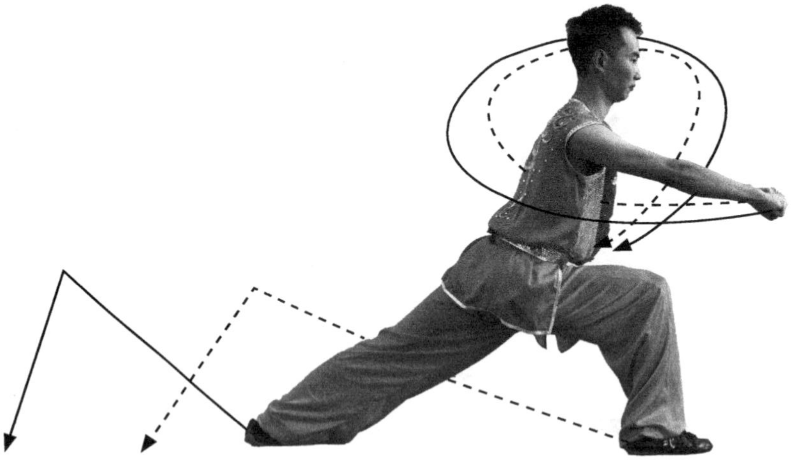

图 4-32

第十式　盘古开天

动作一：身体左转，右腿屈膝向后撤步，左脚向后跃起，身体腾空，随之右脚、

左脚依次落地成半马步；同时，左手握拳收于腹前，右拳经左从上往右抡劈收于右腿内侧；目视右拳抡劈。（图4－33）

动作二： 左腿直立，右脚迅速弹腿并收回提膝站立；目视前方。（图4－34、图4－35）

要领： 左右脚交叉跃起，左脚发力起跳，双拳由后往上再向前下轮砸；弹腿力达脚尖。

图4－33

图4－34

图4－35

第十一式 梅花五拳

动作一： 身体右转，落右脚成右弓步；同时，左手变掌按于右膝上方，右拳收于腰间；目视按掌前方。（图4－36）

动作二： 身体左转成马步；同时，右手向右前方盘肘，左手护在右前臂下方；目视右侧前方。（图4－37）

动作三： 身体不动；右手鞭拳，力达拳背，左手握拳收于腰间；目视右侧前方。（图4－38）

动作四：身体右转，马步变右弓步；左手冲拳，右手握拳收于腰间；目视前方。（图 4-39）

动作五：身体左转变马步；同时，左拳收于腰间，右拳提起至耳旁从上往下砸于右膝内侧；目视右侧前方。（图 4-40）

要领：按掌由上往下力达掌根。马步双脚内扣，右手旋臂外振，力达肘尖。转腰由腰间发力鞭拳，力达拳背，拳眼朝上。蹬腿转腰，冲拳由腰间发力，力达拳面。右拳由上往下滚砸，力达前臂。

图 4-36

图 4-37

图 4-38

图 4-39

图 4-40

第十二式　狮子开口

动作一：左脚脚跟离地，以前脚掌为轴，右腿提起身体从右向后转身 180°，右腿落下成马步；同时，双手变掌抬至额前右上方，再握拳往腹前拽；目视左侧前方。（图 4–41）

动作二：左脚向左后方撤半步，身体左转成左弓步；同时，双手变姜拳，左手姜拳向左格挡，拳心向上，右手姜拳从下往前挑至左膝前；目视前方。（图 4–42）

要领：左右手由上向下旋臂再往右斜后方抓拽，转胯向斜前方转腰发力。

图 4–41

图 4–42

第十三式　蛟龙出海

动作一：身体稍右转，收左脚成左虚步；同时，左手姜拳由上向下格挡于左膝旁，右手握拳收于腰间；目视前方。（图 4–43）

动作二：身体左转，左脚前迈半步外撇踩实，右脚向前迈步成马步；同时，双手变掌提至右肩从上往下砍，收于裆前；目视右侧前方。（图 4–44、图 4–44 附图）

图 4–43

图 4-44

图 4-44 附图

动作三：身体右转，马步变右弓步；同时，双掌变拳向前上方顶撞，拳心向内，左拳于胸前、右拳高不过头；目视前方。（图 4-45）

要领：左手姜拳微向左膝前，力达指关节。撤步挑掌，转身带切。挑掌注意右掌高于肩，左手护于胸前。转腰蹬腿发力，拳冲撞发力顺达。

图 4-45

第十四式　美女照镜

动作一：身体从左向后转，左脚向左侧方撤一小步成丁字马；同时，左手变掌由右向左下方扣腕格挡于左膝前，右拳收于腰间；目视左侧前方。（图 4-46）

动作二：身体左转，马步变左弓步；同时，左掌收回腰间变拳，右拳变掌，伸

图 4-46

腕向左侧格挡，指尖与眼同高；目视前方。（图 4–47）

动作三：身体左转，右脚向前迈步成马步；同时，右掌经左胸前收于左腰侧，左拳变掌提至左胸前，随即向右拧腰，双掌向右格挡，左掌护于右肩旁，掌心向右，右掌内扣于右膝上方，掌心向后；目视前方。（图 4–48）

动作四：马步变右弓步；右掌抽回腰间，左掌贴着右手臂向下切掌。（图 4–49）

动作五：右弓步变马步；同时，右掌迅速向前砍出，掌高不过头，左掌握拳收回腰间；目视前方。（图 4–50）

要领：转身右手旋切掌高于肩，左手变拳护于腰间，组合动作中注重腰腿发力。

图 4–47

图 4–48

图 4–49

图 4–50

第十五式　青龙探爪

动作一： 右脚向右跨半步成马步；同时，右手臂内旋扣腕格挡于右膝前，左拳收于腰间；目视左侧前方。（图 4–51）

动作二： 身体右转，马步成右弓步；同时，左掌从腰间往斜下方插掌，右手抱拳收于腰间；目视前方。（图 4–52）

动作三： 身体右转，右脚向后退步成马步；同时，左手臂内旋扣腕格挡于左膝前，右掌变拳收于腰间；目视前方。（图 4–53）

动作四： 身体左转，马步成左弓步；同时，右掌从腰间往斜下方插掌，左手抱拳收于腰间；目视前方。（图 4–54）

要领： 插掌力达指尖，位于裆前。马步、弓步转换时应注意重心转换，格挡要以腰带手发力，讲究护身。

图 4–51

图 4–52

图 4–53

图 4–54

第十六式　猴子攀枝

身体略左转，左脚外撇 45° 直立，右腿屈膝提起；同时，右掌变拳从下经胸往前鞭拳，拳心向上，高不过眼，左掌按于右膝内侧；目视前方。（图 4-55）

要领：提膝收胯，含胸拔背，力达拳面。

图 4-55

第十七式　和尚撞钟

动作一：身体右转，右脚向后退步成马步；同时，双手变掌从右由上至左握拳往腹前拽；目视左侧前方。（图 4-56、图 4-56 附图）

图 4-56

图 4-56 附图

动作二：马步变左弓步，身体向左侧倾约 40° ；同时，双拳从腰间向左侧冲拳，左拳在下，右拳在上，拳心相对；目视左侧前方。（图 4–57）

要领：百会穴领劲要往两协上方送，两臂微屈。

图 4–57

第十八式　猛虎出山

动作一：身体左转，左脚尖外撇，右脚向前勾扫成马步；同时，双拳从上收回腹前变虎爪；目视右侧前方。（图 4–58）

动作二：马步变右弓步；同时，双虎爪向前推出；目视前方。（图 4–59）

要领：虎爪转腰扯，蹬腿送。扯时力达指尖，送时力达掌根。

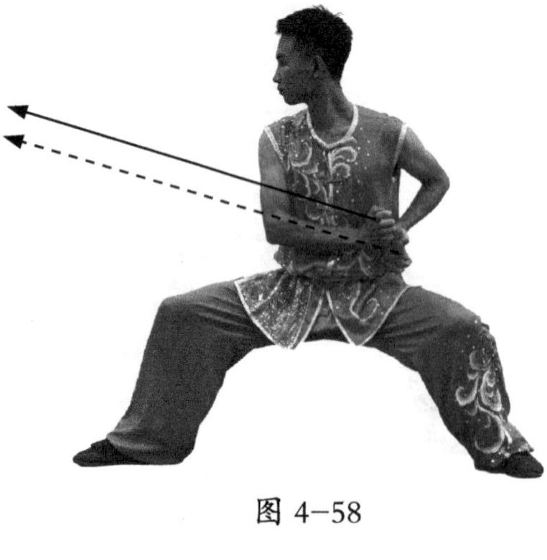

图 4–58

图 4–59

第十九式　镰刀削竹

动作一：身体右转，左脚向左侧迈半步成马步；同时，左手变掌扣腕格挡于左膝前，右手握拳收于腰间；目视左侧前方。（图 4-60）

动作二：身体向左拧腰，马步变左弓步；同时，右手向左侧盘肘，左手贴于右前臂下方；目视前方。（图 4-61、图 4-61 附图）

图 4-60

图 4-61

图 4-61 附图

动作三：右脚向前盖步后直立，左脚前掌着地；同时，左掌收于胸前，右拳变掌从左肩向右平斩；目视右侧前方。（图 4-62、图 4-62 附图）

动作四：身体向左转 180° ，左脚向左侧迈步成左弓步；同时，左掌提至右肩向左平斩，右手握拳收于腰间；目视前方。（图 4-63）

要领：摆肘时注意同时左手插掌，两肩相合发力。平斩时转身以胯带脚，左手翻腕旋劈。

图 4-62

图 4-62 附图

图 4-63

第二十式　黄龙出洞

动作一：左弓步变马步；同时，左掌伸腕收回至右肩前，再向左侧格挡；目视左掌。（图 4-64）

动作二：马步变左弓步；同时，左掌握拳收回腰间，冲右拳；目视前方。（图 4-65）

动作三：身体右转，左弓步变成马步；同时，左拳变掌提于左胸前，右拳变掌手臂外旋掌心向上，随即手臂内旋按掌于左腕上；目视左侧前方。（图 4–66）

动作四：左脚收回半步，前脚掌着地成虚步；右手握拳收回腰间，左掌向左平插，四指向前，掌心向右；目视前方。（图 4–67）

要领：左臂格挡的同时压左掌前送，力达指尖；发力时两肩对拉。

图 4–64

图 4–65

图 4–66

图 4–67

第二十一式　收势

动作一：身体左转，右脚内扣，左脚收回，脚前掌着地成虚步；同时，左掌收至右肩前变成单指向左格挡于胸前，右手变单指从腰间向左格挡于左膝前，两手手心向前；目视前方。（图 4–68）

动作二：收左脚并于右脚旁，双腿直立；沉肘双掌收于胸前，掌心向上，指尖朝前；目视前方。（图 4–69）

动作三：双手翻掌下按于腹前；目视前方。（图 4–70）

动作四：两脚、身体同时向右转 90°；同时，双手自然置于两腿外侧；目视前方。（图 4–71）

要领：重心沉稳，提气收势。

图 4–68

图 4–69

图 4–70

图 4–71

虎尊拳

第一章　虎尊拳概述

永泰虎尊拳，古称“永福虎尊”（永泰县古称永福县），系永泰县洑口乡洑口村人李元珠于清代乾隆年间受猛虎攻击野兽、家畜启发所精心创编，后又经历代传人不断充实提高，逐步形成的内容丰富、拳理技艺完备的拳种。2008年被列入福建省非物质文化遗产保护名录。现主要流传于福建各市县、江西、广东、山东、江苏、日本及西欧、北美等地。

一、虎尊拳的源流

“衣冠南渡”“随王入闽”“北宋南迁”“拨军屯田”，四次大规模的先民迁徙，为永泰县武术的发展打下了雄厚的群众基础。南宋战乱、国都迁移更是将永泰武术助推到了鼎盛发展时期。明朝初期,南下移民增多,移民与土民为了争夺地盘发生械斗，武术备受重视，进一步促进了武术的普及与提高。

（一）始发于清

清初，由于乡民不服满人统治，组织反清复明活动，萧连寺成为地下点，全县民间再兴习武热潮。后清兵围剿萧连寺，众武僧逃亡，流落永泰山区授拳，传下大量真功夫，后人由此功夫得到启发，再创新拳种并得以世代流传，丰富了永泰县武术的拳种和内容，虎尊拳即为这一历史背景下的产物。

清乾隆年间，永泰县洑口乡洑口村人李元珠，在精研积山拳的基础上，经萧连寺武僧铁珠指点，仿虎之形、融虎之习、会虎之意，创拳曰“虎尊”。李元珠祖师晚年将虎尊拳传给得意门徒郑登光、李昭北二人。郑登光得师“虎腿”奇艺，脚踢柱偏移；李昭北得师“虎爪”绝招，击爪入木，掌击牛毙；故民间至今还流传曰：“登光脚，昭北手。”

郑登光蜗居永泰山区，授徒较慎，首传嫡亲盖洋乡郑家，后传嵩口邹湖与长庆大埔，再由邹湖传至福州与海外。郑登光故居现已被列入县级非物质文化遗产保护名录。

李昭北艺成后，到福州买布。店老板看其是乡下人，有意欺负而引起争端，酿成角斗，未逢敌手，遂名扬“三山”，后被挽留授拳。壮年时参军，历任把总、千总职衔，暮年因不愿参与镇压太平天国起义军，有意忤上官意，而被罢职为民（据《永泰县志·方技传》记载）。后传艺于永泰同安一带，传人甚多，为虎尊拳的传播作出了贡献。

（二）远扬在民

清末民初，永泰嵩口邹湖人郑仙纪，字友度，号步恭（外号永福四），练成了虎尊拳的精髓，对虎尊拳技艺掌握深透。其子孙三代长期居住在福州三保码头，一边开船栈，一边开武馆，名扬八闽武坛，授徒甚多。郑步恭曾授拳周子和（外号宽宽）与上地完文。上地完文出师回日本后创立了实力雄厚的上地流空手道，流传于日本和西欧、北美等地。1985 年、1992 年日本武术界先后两次来永泰县访问，寻根觅祖。

（三）广传于今

中华人民共和国成立初期，虽经历次政治运动的冲击、1959—1960 年自然灾害的影响，以及“文革”十年动乱，禁武令不断，但永泰县武术群众基础比较雄厚，因此，民间武术活动从未间断。1978 年 10 月，永泰县少年儿童业余体育运动学校正式成立并开设少年武术班，永泰的民间习武活动开始走向公开化和合法化。1983 年成立了县武术协会，号召全县开展争创“武术之村”活动，打开了永泰县武术发展的新局面，为申报全国首批“武术之乡”创造了良好条件。同年，国家体委号召开展武术挖掘、整理工作，虎尊拳先后入编了《中国武术拳械录》和《福建武术拳械录》。1985 年虎尊拳被列为福建省七大拳种之一。1992 年 11 月永泰县被授予全国首批“武术之乡”光荣称号，次年参加全国首届“武术之乡”武术比赛，获得好成绩。到 1999 年，全县有 12 个“武术之村”、1 所“武术之校”、1 个“武术世家”、2 个“武术之家”。虎尊拳作为永泰县影响最广的拳种，得到了蓬勃发展和广泛宣传。

在各方努力下，虎尊拳飞速发展，尤其是在体育体制改革与教育制度改革的影响下，虎尊拳的传播范围得以扩展，遍布国内外各地，目前所知悉的地区近的有永泰、福州、闽侯、长乐、连江、平潭、莆田、古田、闽清、尤溪、南平、三明、永安、建欧、德化、仙游、福清等市县，远的有江西、广东、山东、香港，以及日本、印度、斯里兰卡、德国、英国及西欧、北美等地。

二、虎尊拳的风格特点

虎尊拳整体上呈现吞喉兼露齿、狮嘴麒麟目，手法多变、步法稳健，以气催力、发力发声，短手近打、以刚制刚的风格特点。

（一）吞喉露齿，狮嘴麒麟目

虎尊拳取猛虎之威猛为形象，是仿生学在武术中具体运用的一个典范，练拳时“吞喉露齿，狮嘴麒麟目”，虎威慑人。

（二）手法多变，步法稳健

手上功夫和脚上功夫是虎尊拳的一大特点，民间至今还流传有“登光腿、昭北手”的传说。虎尊步法有十余种，手法更是多达三十余种，变化无穷。在技击中要做到“脚像石磨，手似车轮，脚步多移，手法多变，上技败势化下技，下技败势化上技，左技败势化右技，右技败势化左技，单技败势化双技，双技败势化单技，技败之时化为肘，肘攻之后又转技，指上打下手要快，声东击西法要妙”。

手法的多变，需配以稳健灵活的步法，方能尽显虎威，得大成。虎尊拳既重手法，也重腿法，套路中多以三七步为主，此步型步法最大的特点就是灵活多变，步型的合理选择与步法的灵活运用相结合体现出出色的腿法，一般来说以手防腿攻最为常见，但以腿防腿，在空中换腿反攻对方，才更叫人措手不及。

（三）以气催力，发力发声

虎尊拳讲究底力与内功，内功经气导引曰“气功”，气源于丹田，以桩式意守丹田，以气导功，运气有“吞、吐”之气，有“养、承”之气，与招式的“开、合、浮、沉”紧密配合，合则吞，开则吐，浮则养，沉则承，均兼有相随之意。形到气功到，功劲要求抵达末梢（手指末端与最近接触对方之部位）。

（四）短手近打，以刚制刚

虎尊拳在技击上是一种以刚制刚的硬拳，拳势勇猛，劲力刚强，突出“以刚制刚，见力生力，见力破力”，以短手近打为主。

三、虎尊拳的拳理

虎尊拳拳势威猛，在历代传人的习练传承中，形成了自己独特的拳术理论。

（一）论底力与内力

虎尊拳的底力也称底盘（下盘）的稳固性和支撑力；内力也叫“内功”，即身体内部潜在的爆发力和瞬间催发的力量。底力好才能稳住重心，不乱阵脚，克敌制胜。“内力”的强盛又是有效击败对手的重要条件，有拳诀曰“三点落地就生根，脚要钳缩力要催”，就是这个道理，所以虎尊拳首先是以“三箭（战）”练习作为入门功夫加以不断习练的。这样既能有效提高底盘的稳定性，又能在发力时将内劲爆发，激寸劲于梢节，故有“功夫好出三箭姆”之说。

（二）论气功

气功是以自然之气养人之气，呼吸精气以充后天之气，精通天地而启先天之机。自然之气是万物的根本，是人类智慧的动力物质。虎尊拳强调气功训练，认为人体内部气息的正确运用与修炼，既能保障内力顺畅持久和充分有力的爆发，又能有效抵御外力的击打。有充足的“内功”，再加上筋骨皮肉经过坚实的击打训练，才能很好地实现有效打击对手与自身抗击打，拳诀云“内练精神气，外练筋骨皮”就是这个道理。

虎尊拳的气功训练分为内部的静功与外部的动功两个部分。内部的静功是站桩和坐禅的形式，以意守丹田（肚脐下三寸），气源于丹田，上中脘过中庭经人中达百会，而后下大椎沿脊中过命门至尾椎（尾闾）返回丹田，此谓大循环。在完成大循环后，再引循环至手、足各部位，形成数个小循环，将功力运达全身各个部位。拳诀云：气功起循是丹田，上行中脘折大椎，下沿尾椎顺经行，周而复始日日练，劲达末梢功才成。外部的动功也称“硬气功”，是在内气导引的基础上使气达于体表与四肢末梢，经过拍打、撞击靠打等训练，使皮肤表层更加坚实，弹性而又有韧度，此谓：“静中有动，动中有静，内外合一，混元一体。”

（三）论五肢之法

头颈诀：吞喉兼露齿，狮嘴麒麟目，顶起身要沉，两肩手沉落，耳后随听风，两眼观四肢，气随功力出，买卖并相连，气吞则为买，气吐则为卖，举目随手照，眼到脚手到。

身诀：身是擎天柱，功气之源泉，站马身要正，出技身要摇，胸抵力来胸刹丹，起丹田来垂尾椎，起中脘来折大椎，运转内气达末梢，子午端正脚四平，举手摇身脚相随，承上启下腰要直，起肠吊肚劲力起。

手诀：双手腿边起，高低在两肋，手钳虎形爪，出技父子手，父子要相随，逢空立即补，一手要防守，一手要进攻，攻中亦带防，防中亦可攻，脚攻手要防，脚防手亦防，手随目移，眼真手快，力发于肩，劲达于梢，吞吐浮沉，直杀直沉，脚像石磨，手像车轮，上技化下技，下技化上技，单技化双技，左技化右技，右技化左技，手技化肘技，指上又打下，声东又击西，出手真硬，化手真软，硬中有软，软中带硬，必要大硬，必要极软。

脚诀：脚力极大，脚功极要，脚有多法，用必谨慎，起脚三分虚，无搭不起脚，前牛头来后杵杖，前三后七要坐马，不丁不八阴阳步，三点落地就生根，脚要钳缩力要催，攻宜进来防宜退，移脚好比石磨转，如见败势脚要移。

（四）论技击法要

虎尊拳诀曰:“虎尊精拳术，刚柔互济成，进退分虚实，动静两相并，招架如流星，出手似闪电。”在技击中要做到“脚像石磨，手似车轮，脚步多移，手法多变，逢桥断桥，无桥造桥，开我生门，造彼死门。出技父子手，父子相随，逢空则补，买卖相连”。在技手上讲究“吞、吐、浮、沉”四法，“吞为收，吐为连，浮兼养，沉可承”，即所谓“收则虚，克其力头；连则实，攻其力尾；养则持，消其力；承则续，攻其弱。相生相克，变化多端，出手真硬，化手又软，硬中有软，软中有硬，必要大硬，必要大软，硬硬练到柔，柔软练到硬，以四两横破千斤直”。

虎尊拳擅长手法也要精通腿法，在腿法上要求“脚力极大，脚功极要，脚法多变”。

第二章　虎尊拳基本技术

虎尊拳的基本技术动作具有攻防兼备、简洁、实用、大方的特点，包括拳法、爪法、掌法、指法、肘法、膝法、腿法和擒拿法，其中以象形的“虎爪”最具有虎尊拳的特色。步型上有半马步、弓步、单蝶步、跪步、虚步、马步、四六步和三七步等，其中“四六步”和“三七步”最常运用，这样既可以保持重心平稳，又能移动自如。

一、手型

（一）拳

四指卷拢，大拇指梢节屈压于中指第二指节上。（图 5–1）

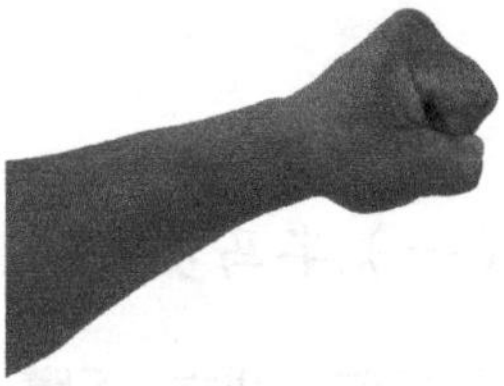

图 5–1

（二）虎爪

五指用力分开，第二、三指节弯曲。（图 5–2）

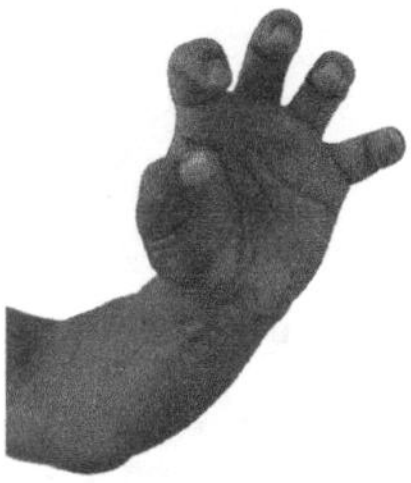

图 5–2

（三）掌

四指伸直并拢，大拇指屈扣在虎口处。

手指朝上为立掌。（图 5–3）

手腕伸直为直掌。（图 5–4）

手指朝下为悬垂掌。（图 5–5）

图 5–3

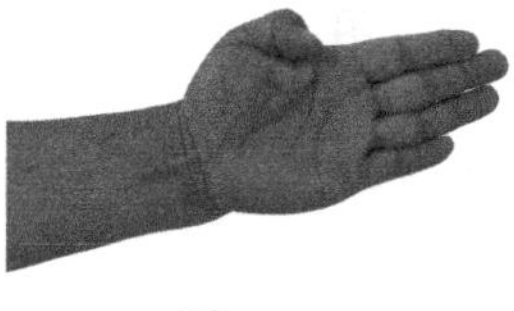

图 5–4

图 5–5

（四）指

食指伸直，其余四指弯曲，往食指靠紧，为单指。（图 5-6）
食指、中指伸直分开，其余三指弯曲护在食指和中指两边，为双指。（图 5-7）
拇指、食指分开，指尖相对，其余三指弯曲，为锁指。（图 5-8）

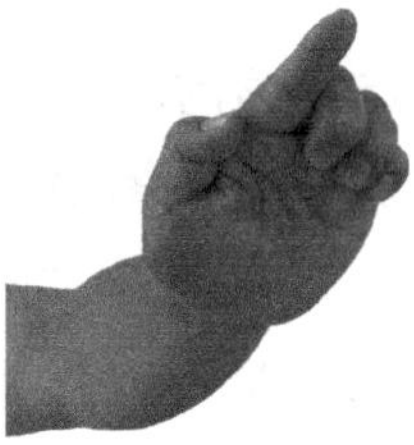
图 5-6

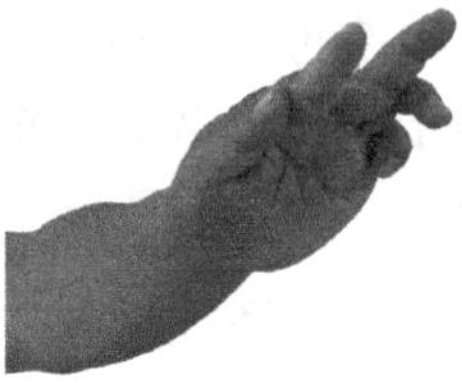
图 5-7

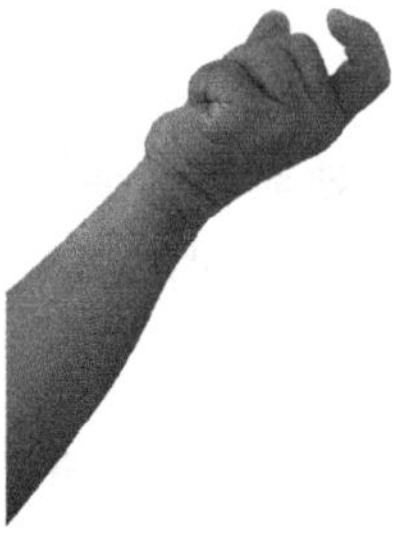
图 5-8

二、步型

（一）半马步

两脚前后开立，下蹲，两大腿接近水平，前脚脚尖朝前，后脚脚尖外撇。（图 5-9）

图 5-9

（二）弓步

两脚前后开立，前脚脚尖朝前，大腿接近水平，后脚蹬直，脚尖内扣。（图 5-10）

图 5-10

（三）单蝶步

两脚左右开立，一腿全蹲，另一腿弯曲，脚掌和小腿内侧贴地。（图 5-11）

图 5-11

（四）跪步

两脚前后开立，距离约两脚长，前腿屈膝下蹲，后腿屈膝下跪，膝部接近地面，脚跟离地。（图 5-12）

图 5-12

（五）盖步

两腿左右交叉，前腿屈膝下蹲，脚尖外展，后腿弯曲脚跟离地。（图 5-13）

图 5-13

（六）虚步

后腿屈膝半蹲，脚尖外展，前腿屈膝前伸，脚尖稍内扣，虚点地面，重心落在后腿上。（图 5-14）

图 5-14

（七）马步

两脚开立，距离约两脚半长，半蹲，脚尖朝前，两大腿接近水平。（图 5-15）

图 5-15

（八）四六步

两脚前后开立，膝关节稍屈，重心稍后。（图 5-16）

图 5-16

（九）三七步

两脚前后开立，膝关节稍屈，重心稍前。（图 5-17）

图 5-17

三、身型

图 5-18

虎尊拳对身型的要求是“子午端正，顶起身沉，两肩平落，胸抵力，胸刹丹，起肠吊肚劲力起”。“子午端正”指在一般情况下，躯干不偏不倚、不俯不仰。“顶起身沉，两肩平落”，则指练拳时，要头顶向上、两肩下沉。“胸抵力，胸刹丹”，是指胸肋上提、胸部往外顶紧，即挺胸。“起肠吊肚劲力起”则指意守丹田、腹部收紧上提。用现代语言描述是：挺胸、收腹、敛臀、坐髋、拔背、沉肩、坠肘、高步。（图 5-18）

四、手法

虎尊拳以手法多变为一奇技，仅一个套路就包含了二十余种手法，有冲、劈、撩、推、抛、穿、截、栽、撞、挑、格、插、切、标、砸、扣、摆、探、转、圈、点等。

（一）穿桥

右脚在前，双手抱掌于腰间；然后，双掌往斜前上方穿出，力达两臂外侧；目视前上方。（图 5-19、图 5-20）

图 5-19

图 5-20

（二）劈掌

左右脚开立，双掌在右腰间；然后，身体左转，左手往左边拨掌，右掌往左上方劈砍；目视右手。（图 5-21、图 5-22）

图 5-21

图 5-22

（三）探爪

左右脚开立，双手握爪在左腰间；然后，身体右转，右手上抬架在头上，左手

从腰间往前推出；目视左掌。（图 5–23、图 5–24）

图 5–23

图 5–24

（四）转桥

半马步，右脚在前；右手上、左手下在体前成抱球姿势；然后，双手顺时针转动，成左手上、右手下；目视前方。（图 5–25、图 5–26）

图 5–25

图 5–26

（五）标指

右脚在前，重心向下；左手往前按掌，右手握拳在腰间；然后，右手食指与中指分开向前上方穿出；目视右手指。（图 5–27、图 5–28）

图 5–27

图 5–28

（六）撩爪

双脚左右开立，双手成爪伸直；然后，身体右转成左跪步，右手上抬架在头上，左手向下向前抄起；目视前方。（图 5–29、图 5–30）

图 5–29

图 5–30

五、步法

底力强劲，步法灵活，套路中以上步、退步、跟步、进步、撤步、跳步和跃步为主，盖步、并步、震脚等配合使用。

（一）上步

错位站立，后脚向支撑脚前迈出。

（二）退步

与上步相反。

（三）跟步

错位站立，后脚向前脚靠近。

（四）跃步

错位站立，前脚蹬地跳起，后脚前摆，前脚在空中迈至后脚后，后、前脚依次落地。

六、身法

虎尊拳的身法有拧转、翻转、起伏、闪展等。

（一）拧转

两脚不动；上体向左（右）转身，使躯干成螺旋状。

（二）翻转

躯干在前俯（后仰）的情况下，以腰为轴转体。

（三）起伏

上体前俯降低重心为伏，反之为起。

（四）闪展

上体回收或左右移动为闪，上体前放伸开腰身为展。

七、发声法

发声是虎尊拳的一大特色，在套路演练过程中，常伴有如虎般的发声，以声催力、以声助威。发声有“嗨”“嘿”“哈”“唬”“嘘”。

第三章　虎尊拳套路动作详解

虎尊拳的猛虎上山动作多，攻防含义浓，手型多变，手法讲究震劲与寸劲，步型要求严格，下盘要求沉稳，内容丰富，拳势激烈，既有近身短打的技法，又有突窜远取的技法。动作快慢相间，兼有催力发声，手眼相随，形神兼备。

一、动作名称

预备势　立虎观山
第一式　将军抱印
第二式　猛虎撩爪
第三式　猛虎翻爪
第四式　饿虎扑食
第五式　虎子开口
第六式　力劈华山
第七式　黑虎掏心
第八式　猛虎擒羊
第九式　霸王开弓
第十式　钟鼓齐鸣
第十一式　虎子出穴
第十二式　果老朝拜
第十三式　上下连手
第十四式　二虎争威
第十五式　黑虎掏腹
第十六式　虚实并联
第十七式　力劈华山
第十八式　黑虎掏心
第十九式　猛虎戏爪
第二十式　移山倒海
第二十一式　猛虎登山
第二十二式　虎仔吃奶
第二十三式　沉技脱手
第二十四式　二龙抢珠
第二十五式　抱虎归山
第二十六式　虎仔出穴
第二十七式　怒虎立山
第二十八式　猛虎伸爪
第二十九式　猛虎入洞
第 三 十 式　虎腿盘合
第三十一式　力劈华山
第三十二式　叶底摘桃
第三十三式　天王托塔
第三十四式　猛虎伸爪
第三十五式　利爪交剪
第三十六式　二郎担山
第三十七式　双龙入海
第三十八式　关公拉须
第三十九式　力劈华山
第 四 十 式　怒虎击爪
第四十一式　将军抱印
收势　立虎观山

二、动作图解

预备势　立虎观山

双脚并拢，自然站立，挺胸收腹；双手自然垂于身体两侧；目视前方。（图 5-31）

图 5-31

第一式　将军抱印

右脚原地震脚；同时，右手握拳，左手变掌，抬至右肩前，再往胸前推成抱拳礼姿势。然后，重心下沉，左脚往前虚点地面成虚步；目视前方。（图 5-32、图 5-33）

要领：虚实要分明，上体保持正直。

图 5-32

图 5-33

第二式　猛虎撩爪

左脚往左侧划弧成马步；同时，双手成掌往下、往后击拍大腿，两手伸直，掌

心朝后，随即两臂往外旋转成虎爪，爪心朝前紧贴大腿往上撩爪；目视前方。（图5-34~图5-36）

要领：甩掌、撩爪要有力，并经大腿击拍，动作连贯不脱节。

图 5-34

图 5-35

图 5-36

第三式　猛虎翻爪

双手用力，吸气回收，经腰间向内翻转呼气往外推爪；目视前方。（图5-37、图5-38）

要领：回收速度稍放慢，收推过程前臂与爪保持紧张有力。

图 5-37

图 5-38

第四式　饿虎扑食

右脚向前踏步；同时，双手收回腰间蓄劲，然后同时往上穿插；目视前上方。（图 5-39、图 5-40）

要领：两手往上穿插要快速有力，两手距离稍宽于肩。

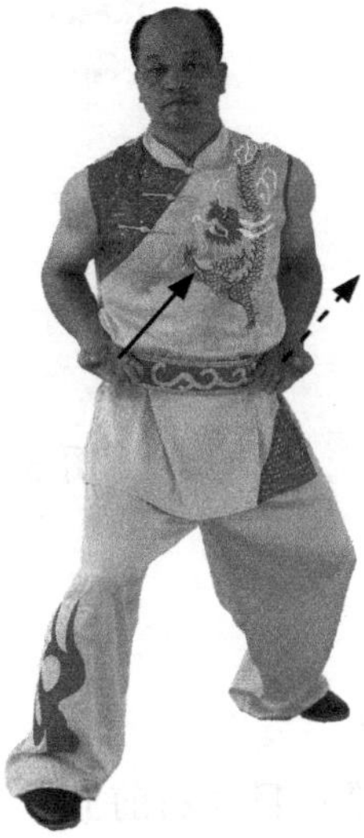

图 5-39

图 5-40

第五式　虎子开口

动作一：左脚往后撤步下蹲，右脚拖步回收，膝部内扣，脚掌、小腿与膝关节内侧着地成单蝶步；同时，双手用力往地上拍打。（图 5-41）

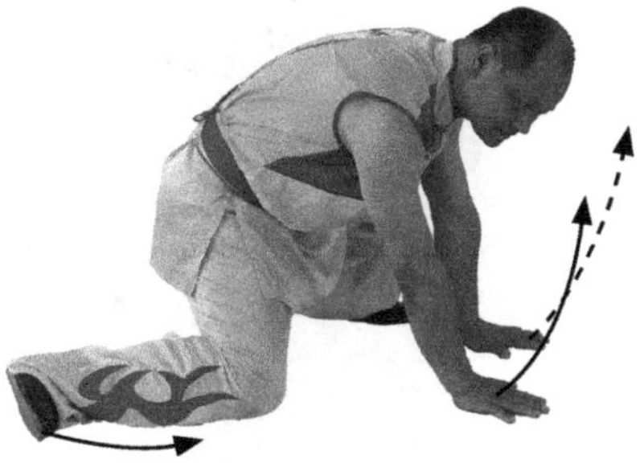

图 5-41

动作二：然后起身，双手交叉经头上往外划弧收回腰间；然后，右脚往前踏步，左脚跟步，下蹲成半马步；同时，双手成爪从腰间向前推出，发“嗨”声；目视前方。（图 5-42~ 图 5-44）

要领：撤步身体要拧转，拍击地面双手不能过分伸直；右脚上步，落步时双手成爪用力推出，要喊声催力。

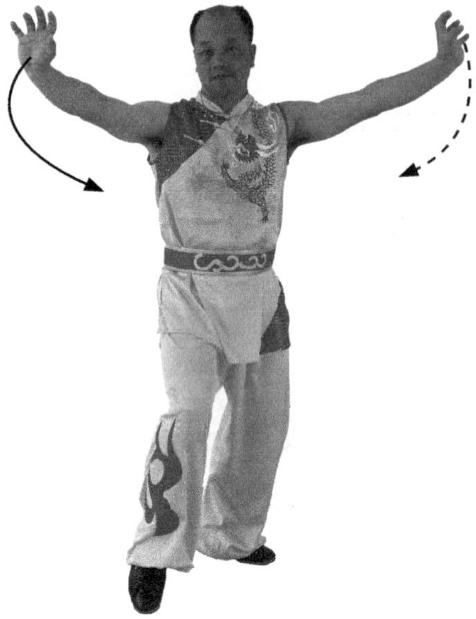

图 5-42

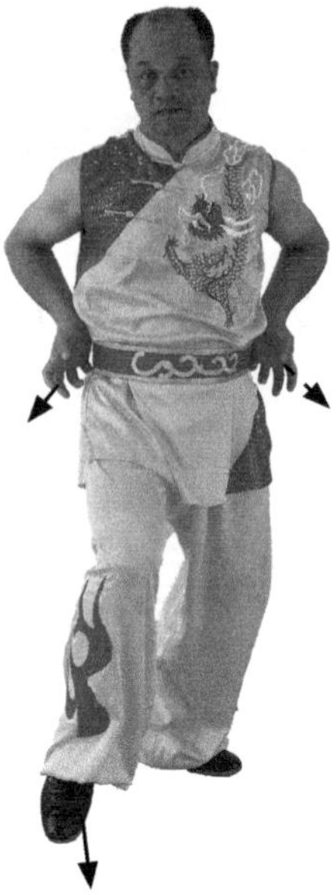

图 5-43

图 5-44

第六式　力劈华山

动作一：双手收回右腰间，掌心相对。（图 5-45）

动作二：左手往外、往下格掌，右手往左前方劈掌；目视右前上方。（图 5-46）

要领：下格掌与劈掌要同时，力达掌根。

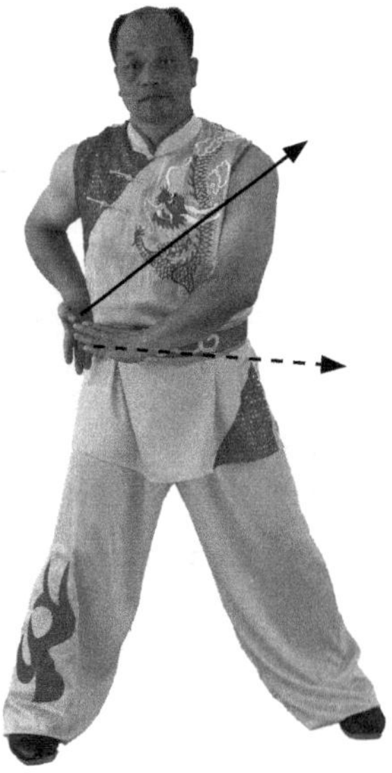

图 5-45

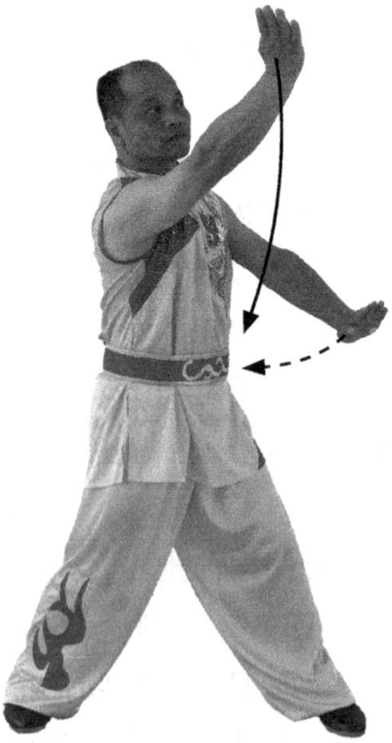

图 5-46

第七式　黑虎掏心

动作一：右脚往右侧上一小步；同时，两手掌心相对，右手在上收回左边腰间。（图 5–47）

动作二：然后，身体向右拧转；同时，右手成爪往上架于头上，左手向胸前快速推出；目视左爪。（图 5–48）

要领：身体拧转、手臂上架、爪前推同时完成，动作协调，力从腰发。

图 5–47

图 5–48

第八式　猛虎擒羊

右腿往后退步；同时，双手往下、往左、往上一周，左手往里截桥，右手收回腰间。（图 5–49、图 5–50）

要领：动作连贯，协调有力。

图 5-49

图 5-50

第九式　霸王开弓

左脚往后退步；同时，右手从左手前臂下穿出，随即右手从左手下快速向右格出。（图 5-51、图 5-52）

要领：右手下穿、格出不要停顿；拧腰发力，动作要协调连贯。

图 5-51

图 5-52

第十式　钟鼓齐鸣

左右手从腰间快速连环冲出，连冲三拳。（图 5-53~ 图 5-55）

要领：动作连贯，快速有力；力发于腰，达于拳面。

图 5-53

图 5-54

图 5-55

第十一式　虎子出穴

动作一：右手往上，左手往下，爪心相对，成抱球状；两手顺时针上下转动，两臂手腕处交叉成“十”字。（图 5-56、图 5-57）

图 5-56

图 5-57

动作二：左脚向右前方上步，提右脚向右侧踹出。（图 5-58~ 图 5-60，图 5-60 附图）

要领：提膝踹腿要连贯快速，力达脚跟。

图 5-58

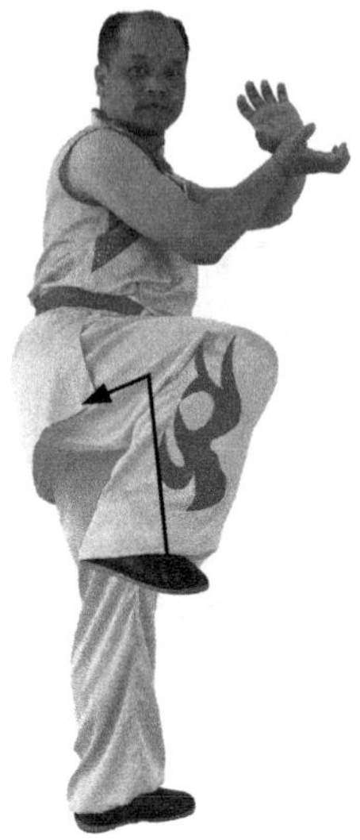

图 5-59

图 5-60

图 5-60 附图

第十二式　果老朝拜

右脚下落，两脚成开立步，膝关节稍屈；同时，右手屈臂肘关节从后往前盘打，左手护在右手腕处。（图 5-61）

要领：落步盘打要同时，力达肘尖。

图 5-61

第十三式　上下连手

动作一：右腿提膝；同时，右手下拉经过腰部，左手顺势往前伸直。然后，右脚落步，左脚跟步；同时，右手向右上方抛出，拳心斜向上，左手下按护至右肋边；目视右拳。（图 5-62、图 5-63）

图 5-62

图 5-63

动作二：右腿提膝；同时，右手回收至腰间，左手往上、往前顺势伸直。然后，右脚落步，左脚跟步，身体左转；同时，右拳迅速从腰间往右前下方栽出，拳心朝后，拳眼朝下，左手顺势回收护至下巴；目视右前下方。（图 5–64、图 5–65）

图 5–64

图 5–65

动作三：右腿提膝；同时，右手拉至腰间，左手顺势伸直。然后，右脚往前落步，左脚跟步；同时，右拳从腰间向斜前上方撞出，左手顺势下按护至右肋边；目视右拳。（图 5–66、图 5–67）

要领：抛拳、栽拳、撞拳与落步同时，气力顺达，力达拳背。

图 5–66

图 5–67

第十四式　二虎争威

动作一：左右手往下、往左、往上摆动；同时，左右脚蹬地向上跳起。（图5-68、图5-69）

动作二：双脚落地成开立步；同时，双手继续往右、往下、往左划弧摆至左侧。随即身体往右回转；同时，两手从左后侧向右前方握拳挑出；目视前方。（图5-70、图5-71）

要领：双手摆动与蹬跳协调配合，转身拧腰瞬间发力，力达拳面与两臂外侧。

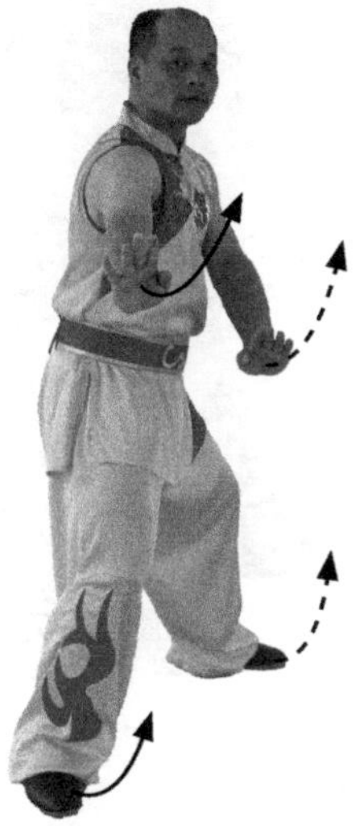

图 5-68

图 5-69

图 5-70

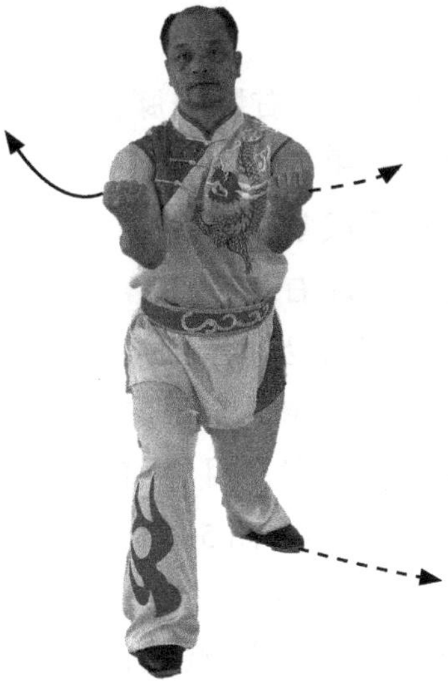

图 5-71

第十五式　黑虎掏腹

动作一： 左脚往左侧上步，身体左转；同时，双拳往下、往上，再往左右两边抡起。（图 5–72）

动作二： 右拳往前撞击，同时左手撤回腰间抱拳。（图 5–73）

要领： 上步、转身、抡臂要同时，紧接撞拳不要脱节。

图 5–72

图 5–73

第十六式　虚实并联

动作一： 右腿提膝；同时，右手握拳往头上举，左手成掌顺势往前伸直。随即右脚往前落步，左脚跟步；同时，右手往下劈拳，左手屈收护在右前臂；目视前方。（图 5–74、图 5–75）

动作二： 右腿提膝；同时，右拳收回腰间，左手成掌顺势前伸。随

图 5–74

图 5–75

即右脚往前落步，左脚跟步；同时，右拳立拳从腰间向前冲出，左手屈收护在右上臂内侧。（图 5-76、图 5-77）

动作三： 右腿提膝；同时，右手往外、往下、往里、往上划弧，左手收回腰间。随即右脚向前落步，左脚跟步；同时，右手往外格拳，左手成掌向前标出，掌心朝下；目视前方。（图 5-78、图 5-79）

要领： 右拳劈击要有力，手臂稍屈；提膝上步、冲拳要一气呵成；右手格拳划弧时，手臂顺时针旋转，力达前臂外沿，与落步插掌协调一致。

图 5-76

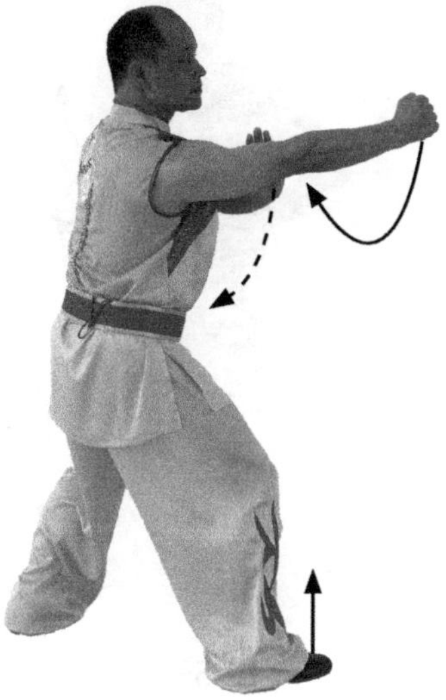

图 5-77

图 5-78

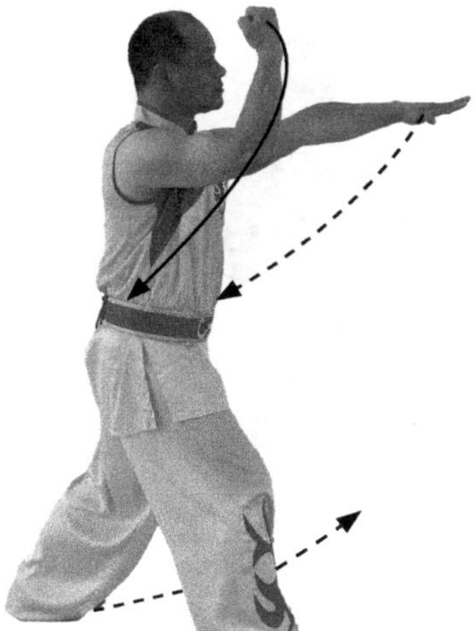

图 5-79

第十七式　力劈华山

右脚往前落步，左脚随即上步；同时，两手屈收于右腰侧，随即左手往左下拨，右手往左上斜劈砍；目视右手。（图 5–80、图 5–81）

要领：左脚上步与双手回收要同时；左手下拨与右手劈砍是由屈到伸的过程，用力顺达，力达掌根。

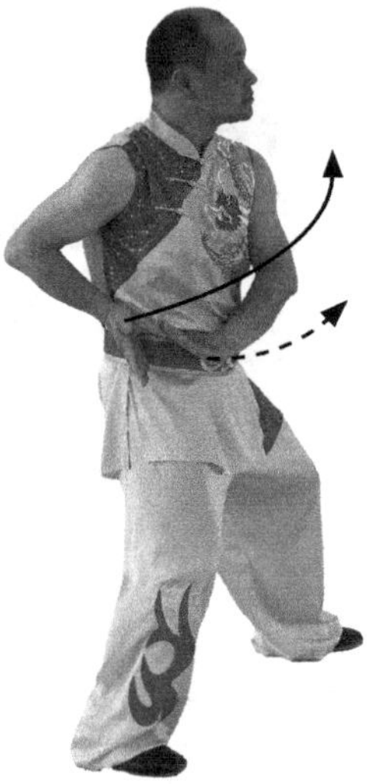

图 5–80

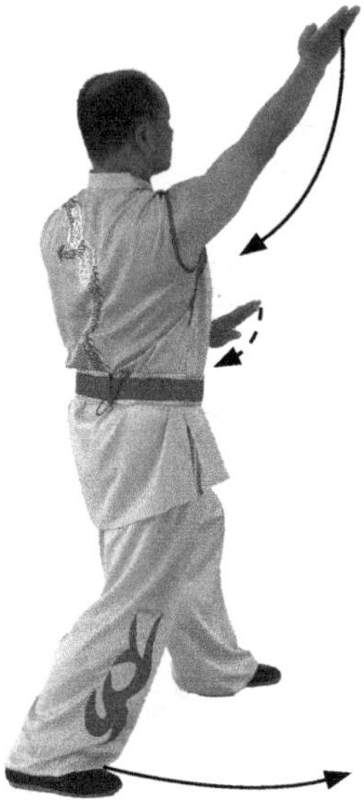

图 5–81

第十八式　黑虎掏心

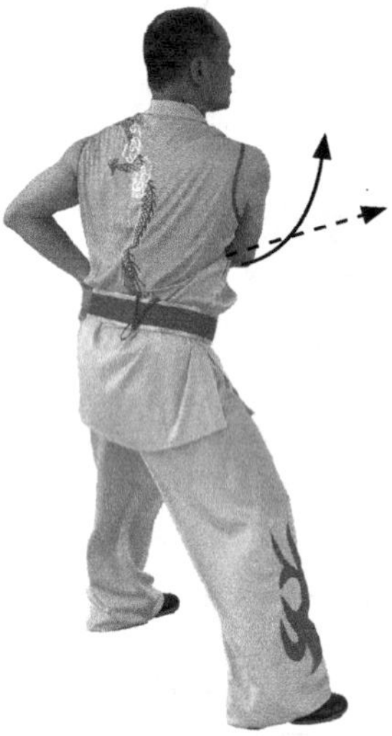

图 5–82

动作一：右脚往前踏步；同时，双手收至左腰侧，掌根相对。随即身体右转；同时，右手成爪抬臂稍屈架于头上，左手成爪从腰间用力往前推出；目视左爪。（图 5–82、图 5–83）

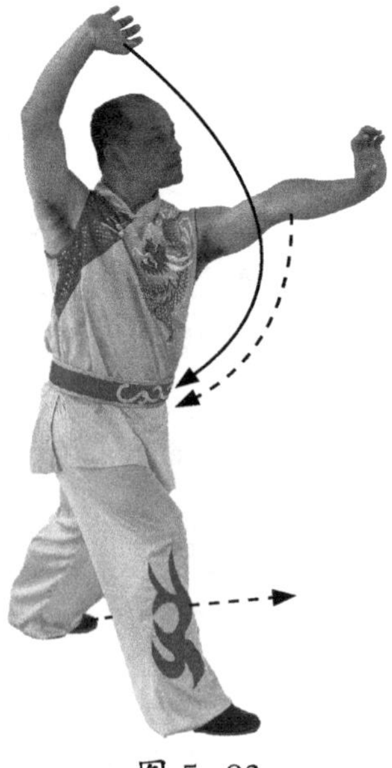

图 5–83

动作二：左脚上步；同时，两手拉至右边腰间。随即身体左转；同时，左手成爪抬臂稍屈架于头上，右手从腰间用力往前推出成爪；目视右爪。（图 5–84、图 5–85）

要领：手臂上架与前推要同时，拧腰顺肩，力发于腰，达于爪尖。

图 5–84

图 5–85

第十九式　猛虎戏爪

动作一：双手同时往右、往下、往左摆动；随即右脚往左脚上盖步；双手继续往上、往右摆动，右手成爪与肩同高，左手成爪护于右肘关节下方；目视右爪前方。（图 5–86～图 5–88）

图 5–86

图 5–87

图 5–88

动作二：右爪往胸前回摆与左手上下交叉。随即左脚从后绕摆至右脚前右侧交叉屈膝下蹲成盖步；同时，左手从右手下穿出往下扣爪，右手爪心朝下护在左胸前；目视左爪前方。（图 5-89）

要领：双手摆扣与左脚落步要同时；转腰摆爪协调用力，力达爪尖。

图 5-89

第二十式　移山倒海

右脚往右侧移步；同时，右手变掌掌指朝下，左手收回腰间。随即右脚尖往外展，身体往右拧转；右手顺势往右格拨至右边，左手成掌从腰间用力往前标出，掌心朝下；目视左掌前方。（图 5-90、图 5-91）

要领：蹬地拧转、格拨标掌一气呵成，右手掌与前臂约成 90°，上臂紧贴肋骨部位。

图 5-90

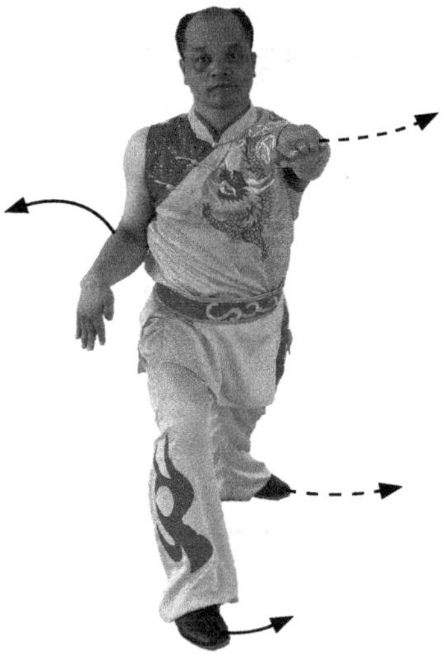

图 5-91

第二十一式　猛虎登山

动作一：右脚尖内扣，左脚往左前方上步，身体左转；同时，双手后摆，再经大腿两侧往前摆撩出成爪，爪心朝上；目视前方。（图 5-92、图 5-93）

动作二：双手后摆，再往上、往前扣爪，回拉至胸前；随即右腿往上顶膝，同时，

双爪往下用力按爪；目视前方。（图 5-94、图 5-95）

要领：转身与两手后摆要同时，前撩要用劲，双手前臂保持紧张度，力达爪尖；双手回拉、顶膝下按一气呵成，上下相向用力，力达爪根与膝尖。

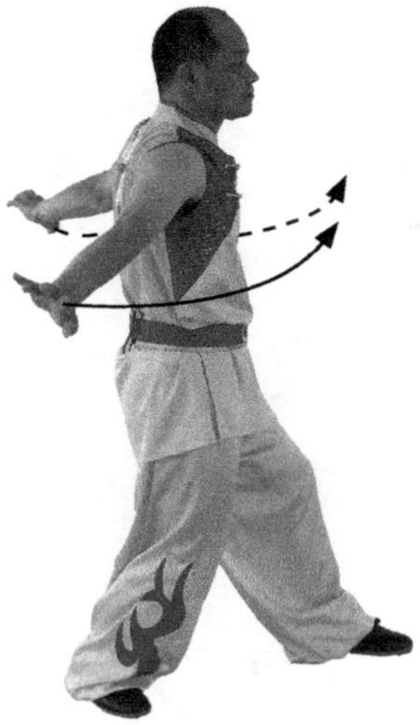

图 5-92

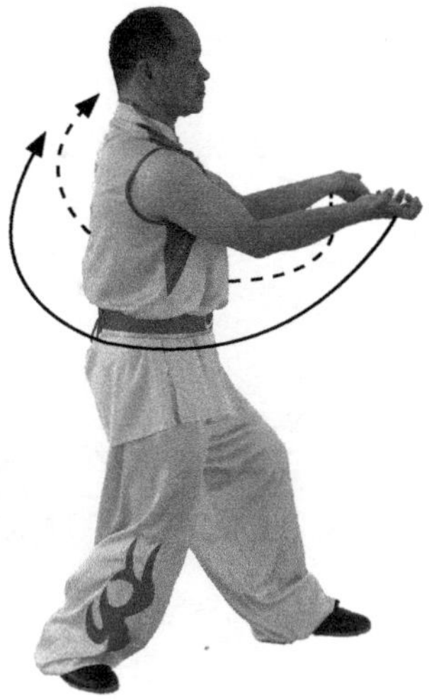

图 5-93

图 5-94

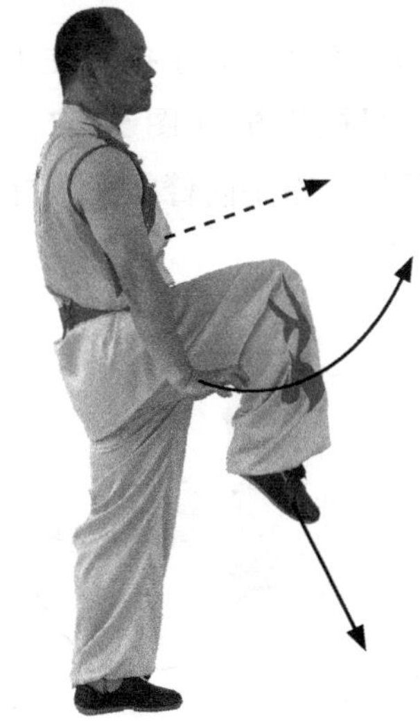

图 5-95

第二十二式　虎仔吃奶

右脚往前落步成马步；同时，右手握拳经腿侧往前挑出，左手护在右上臂；目

视右拳。（图 5-96）

要领：落步挑拳同时，力达拳面。

图 5-96

第二十三式　沉技脱手

马步不变；右手握拳往下鞭打，左手顺着右前臂向下切掌，同时右手用力回收抱拳；目视前方。（图 5-97、图 5-98）

要领：右手前臂向下鞭打有力，回收与左手切掌要同时，力达掌根。

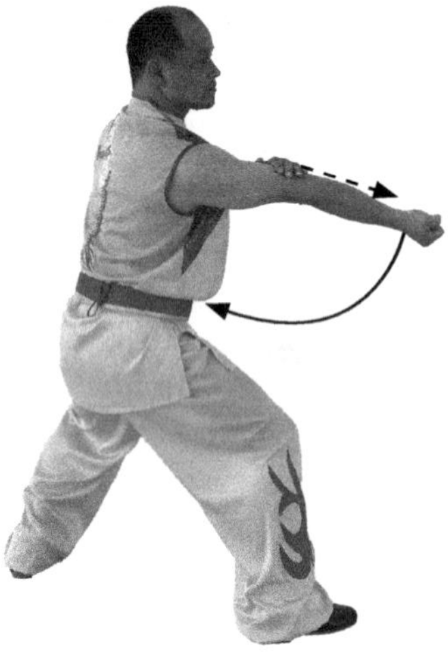

图 5-97

图 5-98

第二十四式　二龙抢珠

马步不变；左手收回腰间抱拳，右手成双指向前上方标出；目视指尖。（图 5–99）

要领：拧腰顺肩，标指快速有力，力点准确，力达指尖。

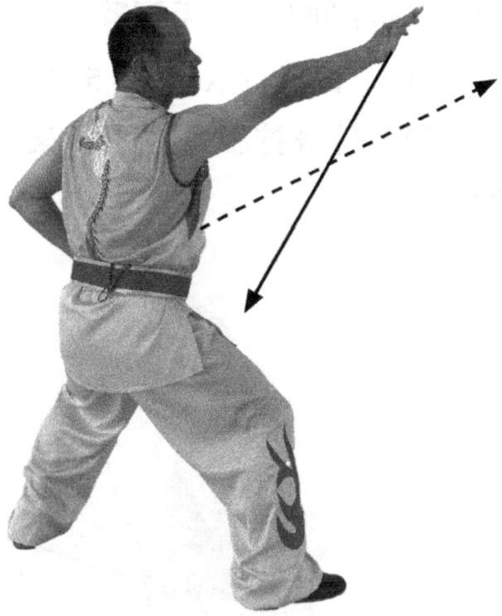

图 5–99

第二十五式　抱虎归山

动作一：左腿蹬地，重心前移成右弓步；同时，右手回收腰间抱拳，左手从左腰侧快速推出成爪；目视左爪。（图 5–100）

动作二：身体左转；左手收回腹前，右手握拳上抬；右脚同时提起，随即落地震脚，屈膝半蹲；右手用力向下成并步砸拳；目视前方。（图 5–101、图 5–101 附图）

要领：左腿蹬地、左手推爪、右手回拉抱拳动作要同时，协调一致；震脚砸拳有力，力达拳背。

图 5–100

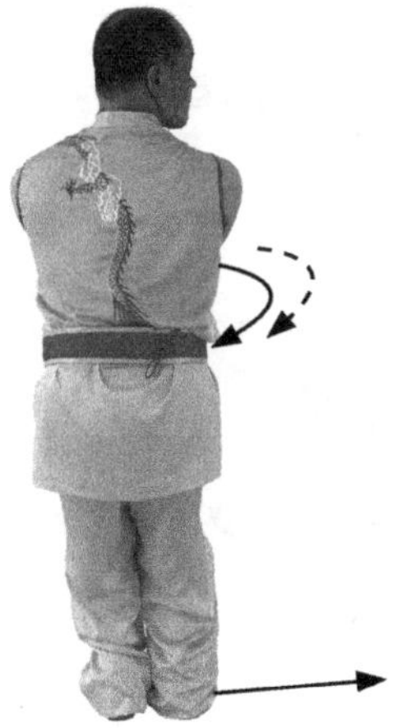

图 5–101

图 5–101 附图

第二十六式　虎仔出穴

右脚往右侧跨出成开立步，双手拉至右腰侧，同时上体右转。随即上体左转拧腰，下蹲成马步；同时，左手屈臂架于头上，右手从右腰侧迅速往右成爪推出，高与肩平，发声“哈”；目视右爪。（图 5–102、图 5–103，图 5–102 附图、图 5–103 附图）

要领：转身拧腰、左手上架、右手侧推协调一致，力从腰发，达于爪尖，发力发声。

图 5–102

图 5–102 附图

图 5–103

图 5–103 附图

第二十七式　怒虎立山

右脚往左脚前盖步，左脚从右脚后往左撤步，双手往右、往下、往左划弧；随即右脚提膝，同时双手往上、往右摆爪；目视右爪前方。（图 5–104~ 图 5–106、图 5–106 附图）

要领：右脚盖步、左脚撤步要连贯，提膝摆爪要同时；转腰发力，力达爪尖。

图 5-104

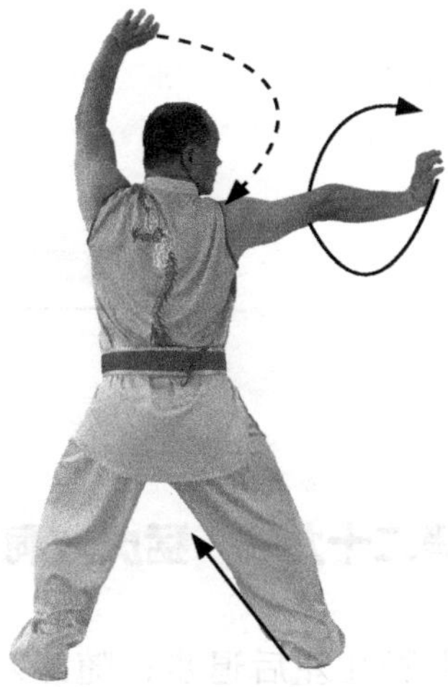
图 5-105

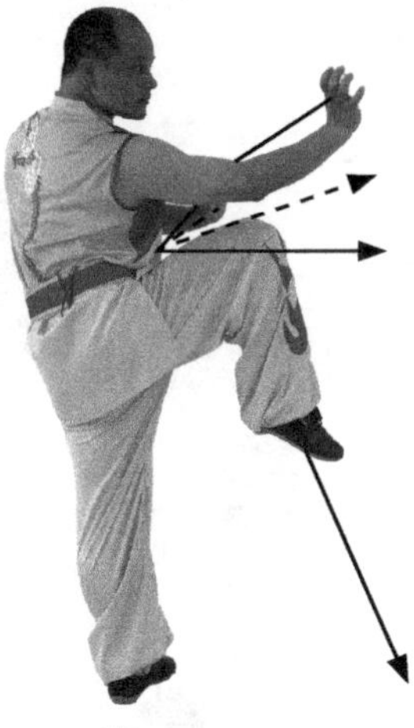
图 5-106

图 5-106 附图

第二十八式　猛虎伸爪

右脚往前迈步成右弓步；同时，双手回收经腰间迅速成爪向前推出，高与肩平；目视前方。（图 5-107）

要领：落步与推爪要同时，力发于腰，达于爪尖。

图 5-107

第二十九式　猛虎入洞

右脚往左后退步；随即左腿提膝后蹬，上体前俯；目视前方。（图 5-108、图 5-109）

要领：蹬腿有力，力达脚跟。

图 5-108

图 5-109

第三十式　虎腿盘合

左脚往下落地，身体起身左转；同时，右脚里合腿击拍左手；目视前方。（图 5-110）

要领：左脚落地、转身、右脚里合腿一气呵成；右脚扫摆击拍连贯有力。

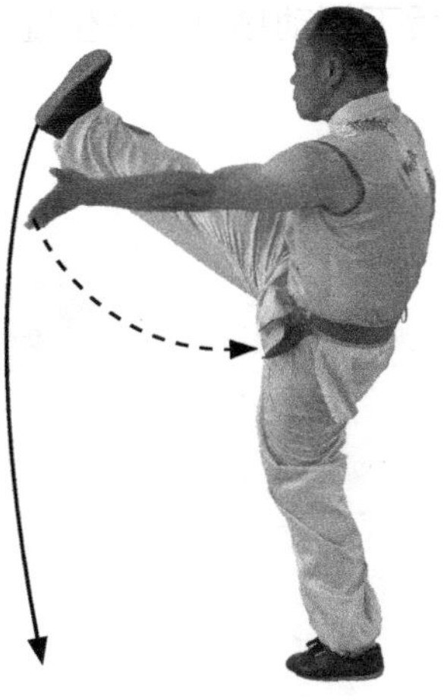

图 5-110

第三十一式　力劈华山

右脚落步成开立步，双手摆至右腰侧。随即上体往左拧转，右腿朝左蹬转成四六步；同时，左掌往左下格拨，右掌往左上劈砍；目视右掌。（图 5-111、图 5-112）

要领：左掌下格与右掌劈砍要同时，力达掌根。

图 5-111

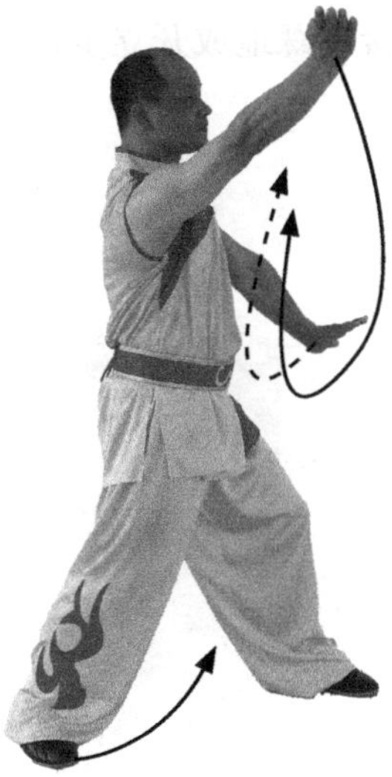

图 5-112

第三十二式　叶底摘桃

动作一：两臂下摆至右腿边上，随即上摆至头上方；右脚向左前方抬起。不停，

左脚蹬地跳起；右手继续向右后下摆动接近肩平位置。（图 5-113、图 5-114）

图 5-113

图 5-114

动作二：身体在空中往前滑行，右脚开始下落，左脚往右脚侧超出；右脚落地，左脚紧接着踩地成开立步；双手下摆至与肩平。（图 5-115、图 5-116）

图 5-115

图 5-116

动作三：左腿屈膝下蹲，右腿屈膝成跪步；同时，右手成爪紧贴大腿向前撩出，左手往上架于头上；目视右爪。（图 5-117）

动作四：起身右转，右手向下、向上摆至右侧，左手下摆至左侧。随即右腿屈膝下蹲，左腿屈膝成跪步；同时，左手经左腿侧往右前方撩出，右手屈臂上抬架于头上；目视左爪。（图 5-118、图 5-119）

要领：手臂上摆时蹬腿跳起，身体在空中保持平衡，落地撩爪有力，力达爪尖。

图 5-117

图 5-118

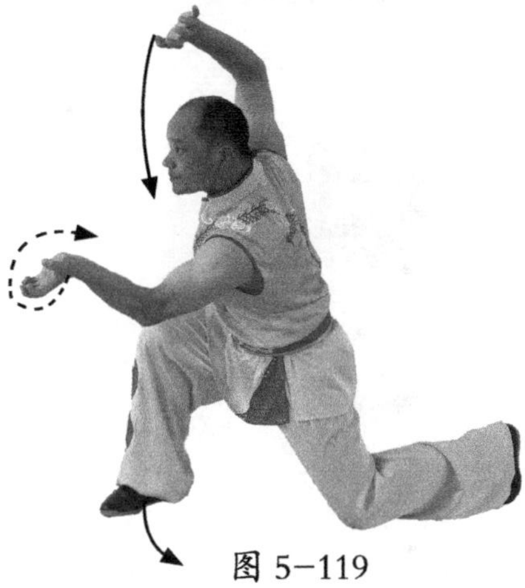

图 5-119

第三十三式　天王托塔

动作一：右脚往右前方踏半步；同时，右手拉回腰间，左手体前逆时针划弧，爪心朝下。随即左腿向上提膝；同时，右手成锁指向前上方探出，虎口朝前；目视右指。（图 5-120、图 5-121）

动作二：身体往右后转身，然后左脚往前踏步；同时，右手往右后摆动，爪心翻转下扣，左手下拉收回腰间，爪心朝上。随即右腿向上提膝；左爪成锁指向前上方探出，右爪拉回腰间；上体稍微向后倾斜。目视左指。（图 5-122、图 5-123，图 5-122 附图、图 5-123 附图）

要领：提膝、探指要同时，力从脚发，达于指尖。

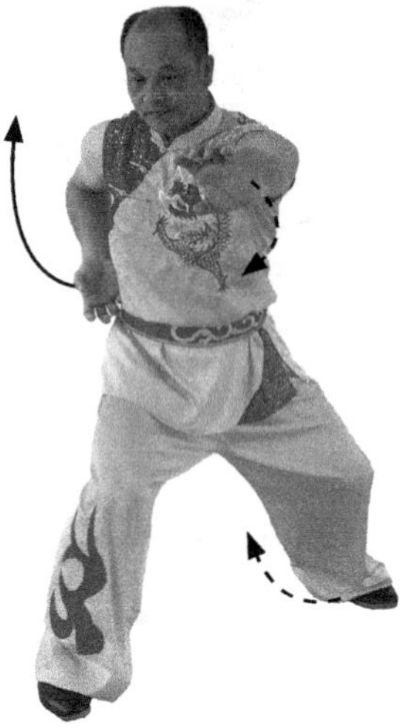

图 5-120

图 5-121

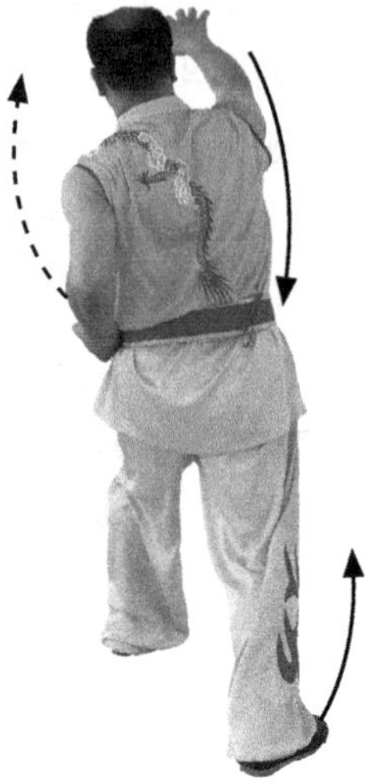

图 5-122

图 5-122 附图

图 5-123

图 5-123 附图

第三十四式　猛虎伸爪

左手收回腰间；重心前移，右脚往前踏步成右弓步；同时，双手从腰间快速往前推出，与肩同宽；上体前倾，目视前方。（图 5-124、图 5-124 附图）

要领：右脚踏步与双手推爪同时，力从脚发，达于爪尖。

图 5–124

图 5–124 附图

第三十五式 利爪交剪

双爪屈臂收回左右肩前，随即滚桥往胸前交叉，左手在外，右手在内；目视前方。（图 5–125、图 5–126）

要领：双手回收、滚桥有力。

图 5–125

图 5–126

第三十六式 二郎担山

双爪用力往外拉至肩膀的两侧，随即用力向肩膀两侧推出，两臂与肩平；目视左手。（图 5–127、图 5–128）

要领：外推要用力，先慢后快。

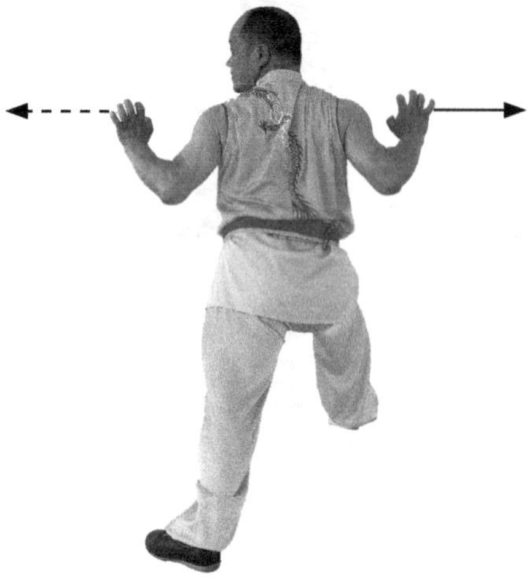

图 5-127

图 5-128

第三十七式　双龙入海

动作一：右脚往左前方上步，随即左脚往右脚前落步；同时，左手往里、往下划弧拨至腰间握单指，右手成单指往上、往前下方点击；目视右指。（图 5-129）

动作二：右脚上步；同时，右手往里、往下拨至腰间，左手往上、往前下方点击，指尖朝下；目视左手。（图 5-130）

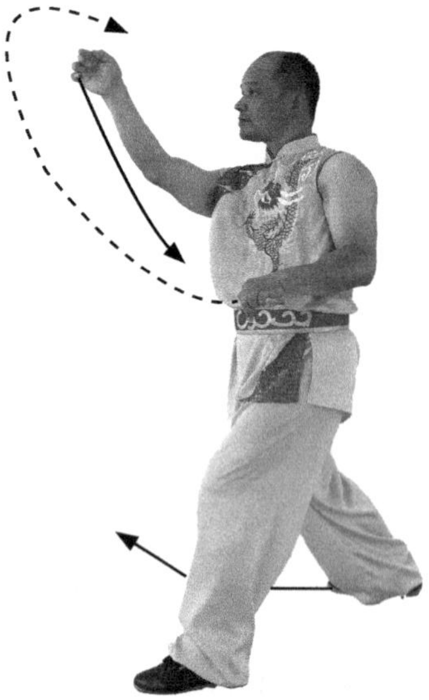

图 5-129

图 5-130

动作三：左手下摆至腹前；左脚上步，双手往后摆至肩上；双指朝前下方快速点击。（图 5−131~ 图 5−133）

要领：左（右）手下拨与右（左）手点击配合协调；双手点击时快速有力，力达指尖。

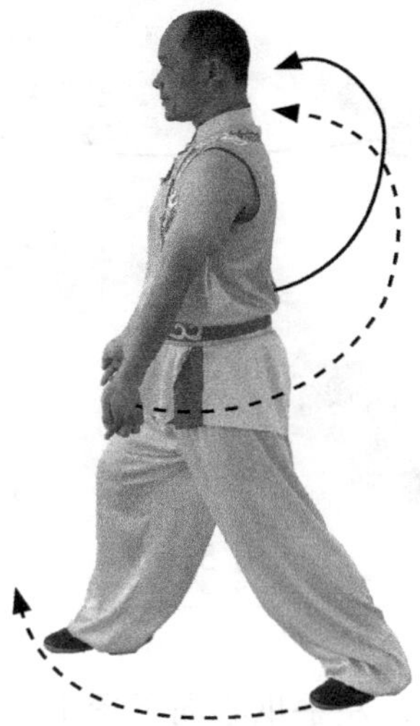

图 5−131

图 5−132

图 5−133

第三十八式　关公拉须

动作一：左脚往后退步；同时，左手顺势往下伸直成爪，右手往里收至左肩前。随即重心左移，身体左转；同时，右手成爪用力往下推撑，左手成爪与右手相向用

力回拉至左肩前；目视右爪下方。（图 5–134、图 5–135）

图 5–134

图 5–135

动作二：上身稍左转；同时，右爪往左边撩出，左手爪心向下置于右肩前。随即重心右移，身体右转；同时，右手回拉至右肩前，左手顺右臂内侧向下推撑。目视左爪。（图 5–136、图 5–137）

要领：左右手相向对拉要同时发力，力从脚发，达于爪尖。

图 5–136

图 5–137

第三十九式　力劈华山

左脚稍往回收，重心上提；同时，双手摆至右腰侧，左手在前。随即身体左转，左手往左侧外拨，右手向左前上方砍劈；目视右手。（图 5–138、图 5–139）

要领：左手外拨与右手砍劈同时完成，力从脚发，达于掌根。

图 5–138

图 5–139

第四十式　怒虎击爪

动作一：双手上举，在头上击拍，掌心相对；随即双手用力下摆击拍两腿侧顺势往后伸直。（图 5–140、图 5–141）

动作二：双手经腰间往前推爪，发力发声“嘿”；目视前方。（图 5–142）

要领：双手击拍响亮有力，下摆与前推连贯，力从脚发，达于爪尖。

图 5–140

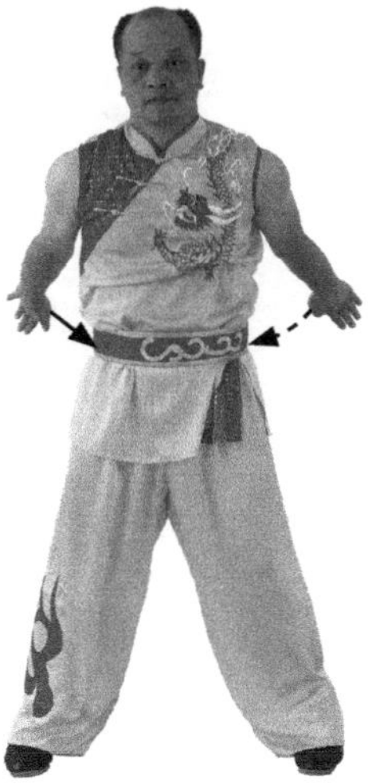

图 5–141

图 5–142

第四十一式　将军抱印

右脚往里收半步震脚；同时，右手变拳、左手变掌，收至右肩前。随即双手成抱拳礼往胸前推出；左脚往前迈步，脚尖虚点地面；目视前方。（图 5-143、图 5-144）

要领：震脚抱拳凝神聚气，左脚虚点地面，重心在右腿控制平稳。

图 5-143

图 5-144

收势　立虎观山

左脚回收与右脚并拢，双手往下抱拳于腰间；随即双手往下置于大腿两侧；目视前方。（图 5-145、图 5-146）

要领：下颌稍收，收腹挺胸。

图 5-145

图 5-146

地术拳

第一章　地术拳概述

地术拳又称“地术犬法”，俗称“狗拳”，是福建南拳七大拳种中最有特色的地面功夫。地术拳单脉相传近300年，于20世纪40年代陈依九宗师回福州定居后开始流传，受到众多武术爱好者的喜爱，迅速在八闽大地上传播。1979年被国家体委武术调查组定为我国稀有拳种。2009年被福建省人民政府、文化厅列入省级非物质文化遗产保护名录。2011年被国务院、文化部列入国家级非物质文化遗产保护名录。

一、地术拳的源流

地术拳源于寺庵，属宗门武艺。相传明末清初，在闽众多僧尼参加天地会、小刀会与反清复明活动，被清政府下令焚烧寺庵，诛杀僧尼，残存的僧尼被迫流散民间避难，于是宗门秘传武艺开始流传于民间。

根据家传资料记载，地术拳为闽南的一寺庵（白莲庵）的“四月姑”（1762—1850）所创，作为该庵的护庵及强身健体之术，秘不外传。在各寺庵与僧尼皆受牵连而被焚毁、追杀时，白莲庵也未能幸免于难。四月姑避难于永春县，被陈家李老太所收留并加以关照。四月姑感其恩德，也为使地术拳这一武林奇技薪火不绝，遂将地术拳悉数传授于陈家陈彪（1810—1902），并严词训诫外传。陈家知此拳乃武林绝技，视为奇珍，只传男不传女，父子相承。传至陈阿银（1858—1942），因山区贫瘠、恶霸横行，耿直正义的陈阿银打抱不平，打死当地恶棍后出山避难，为了生计到处漂居，于1889年冬落脚于新加坡，靠卖草药为生。

1922年夏天，酷爱武术的福州陈依九（1903—1997）与同在福州学艺的师兄弟（李子斌、王福来）商定，为拓宽视野、提升武技，出走游学。他们于1922年底一起动身往闽南方向，后从泉州到台湾，再到马来西亚，于1923年夏天到新加坡，历经一年到处拜访名师。在新加坡金铺店学艺的陈依九，常与当地武术人士切磋武艺，因此常常光顾陈阿银的草药铺。陈阿银见其资质可塑、为人憨厚、品行端正，为使武林绝技能相传延续，在严厉考查并严词训诫后，悉数将地术拳精髓与骨伤治疗之方传授于陈依九。陈依九得其真传后，悉心研究，结合长期武学经历，武艺更加精湛，在东南亚一带颇有名望，人称“铁脚九师”“神腿九”。陈依九于1942年回国定居福州，也束于师训戒律秘不外传，但为了生存所需，遂将地术拳基础技艺与铁脚功、骨伤科、草药等在福建授徒传艺。他还先后担任福州市武术馆馆长、福州市武术协会顾问团团长、福建省武术协会顾问。

第五代掌舵人陈政禄（1930—2016）系陈依九次子，全面继承了父亲技艺并有所拓展。他将地术拳与现代搏击技术相融合，对地术拳全面向社会传播起了决定性作用。择人而授与推广普及相结合的理念，使地术拳在传承有序、创新发展的基础上进入鼎盛时期。他于20世纪80年代初期先后在福州创办了福建省地术拳研究会并担任会长，创办了福州郊区武术协会并任常务副会长、福州市武术协会并任副主席。在1985年参与由福建省体委组织的全省武术挖掘整理领导小组中，成绩显著，被评为全省武术挖掘整理工作先进个人，荣获全国优秀武术辅导员荣誉称号。

第六代领军人物陈伟强（1964—）系陈依九嫡孙，现任福建省地术拳协会会长，在祖父与父亲（陈政禄）精心调教下全面掌握了地术拳技艺，协同同门胡成武（1967—，系陈依九关门弟子，现任福建省武术协会副会长）等师兄弟发起成立了福建省地术拳协会，以协会为依托传播发展地术拳。

二、地术拳的风格特点

地术拳源于寺庵，故归属宗派系；因地域在闽中，属南拳体系；是模仿狗的格斗演变的拳法，故又有仿生象形拳"象形取意"的特点。地术拳整个套路体系风格，既有南拳的低桩、扎马、稳实、刚猛，以声、气、力表达拳势的刚劲磅礴之慨，又有动作灵活、多变、起伏、飘洒，以形、意、神表达拳意的舒展飘逸之感。地术拳的独有特色——地面功夫，即地面技击术、锁控术、关节技、捆绑术，是地术拳的核心灵魂，是地术拳区别于其他拳术的唯一依据。其技法特点有"上打中闪下盘术"之说。

（一）上盘：禅念用武以弧化劲，机警敏捷凶猛勇敢

拳源寺庵，慈为念，以弧化劲、以柔克刚，防御为先、制服为后。先柔后刚、先拿后击，多柔缠少刚撞。巧中擒，柔中拿，闪躲其锋，缠拿制人。讲究借势、用势拨锋芒，闪躲为机灵敏捷，趁势擒拿制服。步闪跳跃，身法摇摆，臂松藏紧，掌柔蓄劲，脚飘实稳。吞吐浮沉，见缝插针，柔刚相济，度势破竹。

（二）中盘：龙形虎桩罗汉盘腿，蛇窜猴闪蝙蝠压笋

龙盘虎踞，蓄势待发。低桩矮马蝙蝠腿，罗汉坐禅双蝶步，怒蟒出洞绞捆咬。灵猴闪跃避其锋，恶狗扑咬下三盘。低桩盘稳见机行，门户守紧蓄意击，含胸拔背

侧门蹲，以身带步闪俯仰。脚手并用攻下肢，踝骨膝节最易攻。桩稳步灵身法巧，蛇窜猴闪蝙蝠压。避锋而闪低桩马，趁虚就入地面技。

（三）下盘：狗法落地蓬车莲，跌扑翻滚起伏沉；轻巧猛速变无穷，蹬踢捆绑见其能

狗法落地金绞剪，双脚起舞蓬车莲；轻巧落地如毛落，起招用式如电闪。跌扑翻滚起伏沉，手脚并用锁控技；抢背翻身脚先至，折转起伏手护身。轻入重击讲时机，招式变化靠机巧；含胸拔背靠腰转，侧卧起捆虾圈身。跌扑穿窜翻身快，勾头肘紧门户守；双腿绞剪铁腿功，双脚捆锁神脚技。

三、地术拳的拳理

地术拳既是佛门的禅念禅理运生于套路中，又是仿生于犬的机警敏捷、灵活刚健的拳种。其上、中、下三盘融会贯通了快速凶猛的南拳手法及灵活多变的身法与丰富的腿法，尤以下盘圆滑多变，倒地后充分发挥地上自护能力和技击捆绑动作。

（一）七讲

步讲三七与一字，马讲四平与伏虎，身讲灵动与摇摆，手讲门户与疾劲，脚讲穿针与吐信，头讲灵动与摆闪，目讲神气与瞬凝。

三七一字是步法，步稳进身一字闪；三七生根低桩马，一字侧闪步法灵。四平马步日常练，五趾抓地身板直；伏虎蝙蝠中盘式，上架下沉中盘技；摇身过界讲灵动，吞吐浮沉是身法；龟身虾背鳗鱼体，进门入户罗汉身。门户守护双肘夹，上架下砸护身臂；遇刚借劲化我势，见缝插针劲力打，断桥封桥肘顶击。门开脚进穿心腿，拨草寻蛇吐信脚；盘稳起脚讲力度，踢踹踩蹬不过腰。含颌注视精气神，摇摆躲闪讲灵动；目如闪电震对方，凝神注目撼敌神。

（二）论法

精化神，气息内敛意行气、吐气发声蓄催劲。

拳打千遍精气成，法练自然神气有；气息含蓄威摄人，养精蓄气健体魄。精化神、神化气，吐气发声、借声助劲，以气催力、以势摄人。

弧化劲，刚柔稳摆身势灵、吞吐浮沉犬纵身。

弧是顺其势、化其劲，以柔化刚、刚柔相济。身手圆顺化其劲，遇锋摇滑顺势打；步灵身闪见机击，插杆纵跃蝙蝠闪、摇身过界招式用。

手化门，含胸虾背臂守户、肘沉臂夹门户紧。

双肘内夹护门户，上架下砸臂如门；龟身虾背守丹田，步扎腿夹下阴护；肘沉臂夹门户紧，出手顺肩腰拧震；见桥则断且封桥，户开搭桥顺桥进。

脚化绳，犬法落地蓬车莲、双脚缠绞如绳绑。

犬法落地蓬车莲，双腿如绳捆绑术；缠绞捆锁两脚转，扫剪绊蹬风车轮；如蛇如鳗见缝插，双腿起舞似绳绑；腿柔如绳缠绕住，脚硬如铁似剪刀。

（三）论打

见桥断桥、无桥搭桥、遇桥封桥，吞吐浮沉、收放自如，刚柔相济、以柔克刚，圆滑化劲、贴身巧拿。

户紧脚出，上步低踩，瞒天过海低踩脚，猛虎回身扫膝腿；

门开穿击，偷步蹬膝，顺手牵羊小脚寸，猛虎下山二月脚。

圆身落地抢背脚，鲤鱼翻身盖砸脚；擒手落地踩脚面，拿腕张弓一字脚。天龙入地狗咬粽，拨草寻蛇插旗杆；牵虎入海朝天脚，擒爪穿针张弓架。

手脚并用上中下，拳掌枣爪兼用指，踢踩蹬踹勾绊扫；闪躲伏避低桩马，伏虎蝙蝠上下窜；跌扑翻滚见机行，锁控捆绑关节技。

身步闪躲手脚进，门户守紧避锋锐，蝙蝠落地连环扫，力透脚穿靠腰活，倒地出招选时机，招招有解招招解。

以守待攻、后发制人，静如灵狗伺击、动似饿犬扑食，出手似绵、触手如铁。手是罗汉身似龙，腿似蛇信步似犬；达摩坐禅蝴蝶腿，盘龙伏虎蓄势发；海底蛟龙朝天脚，狗法落地风车轮。

第二章　地术拳基本技术

一、手型

（一）平拳

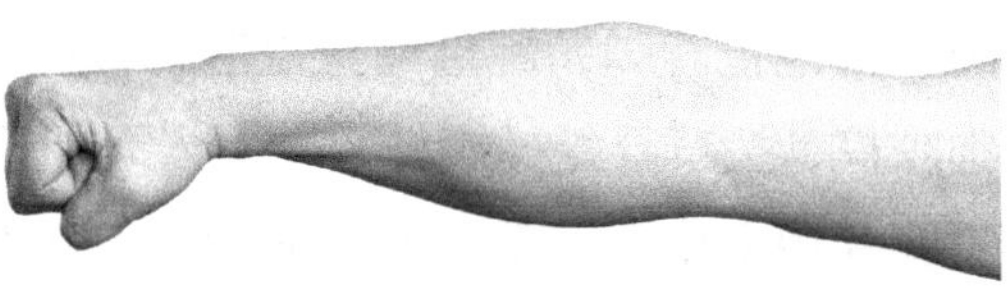
图 6-1

四指并拢卷握，拇指紧扣食指和中指的第二指节。（图 6-1）

要领： 拳要握紧，腕伸直与拳面平。

（二）蝴蝶掌

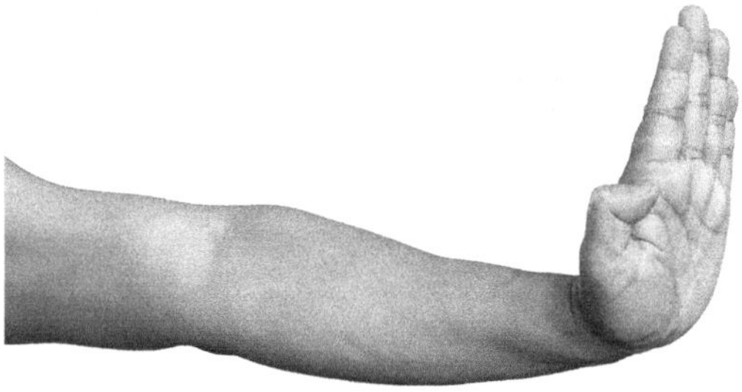
图 6-2

四指用力伸直并拢，拇指屈曲紧扣于虎口处，小拇指侧斜朝前，同时坐腕立掌。（图 6-2）

要领： 腕关节后伸，力达掌根。

（三）犬爪

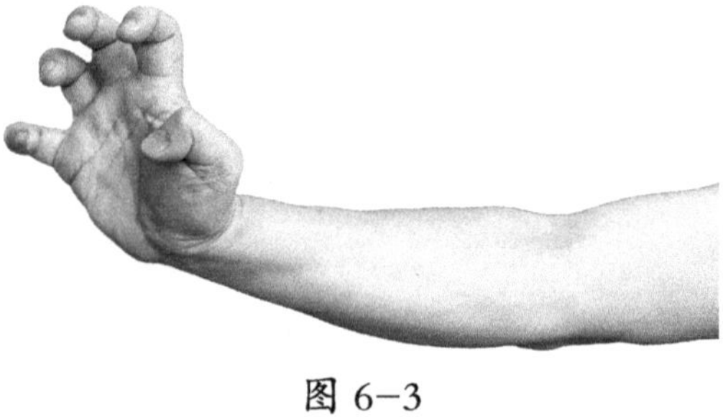
图 6-3

五指自然分开，第一、二指节屈曲内扣；食指、中指稍立，其余三指稍向内扣；坐腕，爪心侧朝前。（图 6-3）

要领： 腕关节后伸，力达指尖。

（四）箭掌

四指用力伸直稍张开，拇指屈曲紧扣于虎口处，腕伸直，掌心朝侧。（图 6–4）

要领：腕伸直，力达指尖。

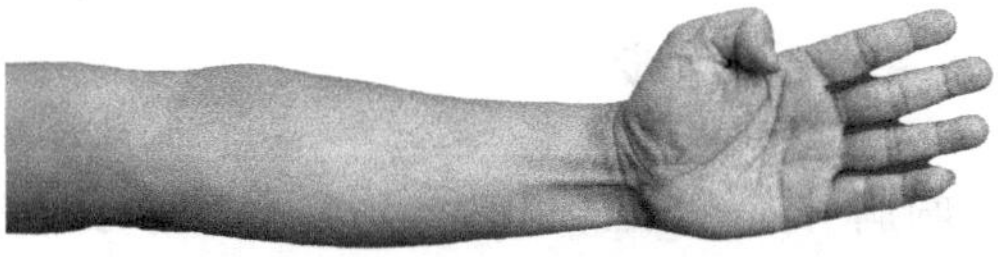

图 6–4

（五）摸抓掌

四指用力伸直稍张开，拇指屈曲紧扣于虎口处，腕向侧扣，掌心朝下。（图 6–5）

要领：腕关节尽量外展，劲贯手掌。

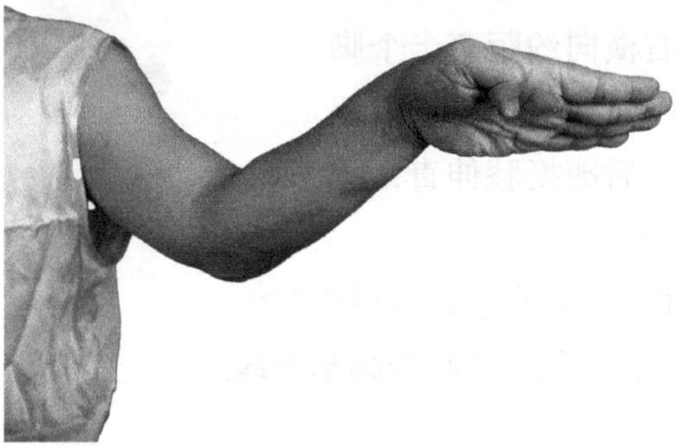

图 6–5

（六）佛礼指

食指、中指自然伸直，拇指屈曲紧扣于虎口处，无名指和小拇指的第二指节屈曲，掌心空出。（图 6–6）

要领：腕关节尽量上立，力达掌指。

图 6–6

二、步型

（一）平马步

两脚平行开立，相距 3~4 个脚掌长，脚尖朝前，两膝屈膝半蹲；上体挺胸立腰，身体重心落于两腿之间。（图 6–7）

要领：上体正直。

图 6–7

（二）弓步

两脚前后开立（前脚内侧与后脚脚跟不在同一直线上，左右横向约距离半个脚掌），前后相距本人的 4~5 个脚掌长，前腿屈膝半蹲，脚尖朝前，后腿挺膝伸直，脚尖斜向 45° 方向。（图 6–8）

右腿在前为右弓步，左腿在前为左弓步。

要领：挺胸、塌腰、沉髋，两脚全脚掌着地。

图 6–8

（三）三七步

两腿前后站立，前后相距约本人的 3 个脚掌长，左右横向距离稍比肩宽，前腿

屈膝半蹲，脚尖朝前，小腿垂直于地面，后腿屈膝向内侧下压，两脚全脚掌着地，身体重心落于两腿之间。（图 6–9）

要领：含胸、塌腰、收腹、沉髋。

图 6–9

（四）半马步

两脚左右自然分开，屈膝半蹲，左脚尖朝左，右脚尖朝前，重心偏于右腿（如右脚尖朝右，则重心偏于左腿），收腹敛臀。（图 6–10）

要领：腰微向左（右）转，收腹敛臀，上体正直。

图 6–10

（五）虚点步

以右虚步为例。两脚前后开立，左脚尖斜向 45° 方向，屈膝半蹲，重心落于左腿；右腿微屈，脚面绷直，脚尖稍内扣虚点地面。（图 6–11）

右脚在前为右虚步，左脚在前为左虚步。

要领：含胸、塌腰、敛臀。

图 6–11

（六）美人照镜步

两腿前后交叉，前腿屈曲，后腿挺膝，两大腿紧贴，后腿脚跟可稍离地，身体重心大部分落于前腿，小部分落于后腿。（图 6–12）

要领：挺胸、塌腰、沉髋。

图 6–12

（七）拐步

两腿前后交叉，前腿屈膝下蹲，脚尖外展，后腿屈膝下跪，膝盖接近地面，脚跟稍离地；收腹敛臀。（图 6–13）

要领：上体保持正直，沉气、坐胯，前脚踩地。

图 6–13

（八）单蝙蝠

两腿左右分开，一腿屈膝全蹲，另一腿屈膝内扣，膝与脚掌内侧着地。（图 6–14）

要领：塌腰、沉髋，上体稍往全蹲侧倾斜，屈膝着地腿大小腿的夹

图 6–14

角应小于 90° 。

（九）"万"字蝙蝠步

图 6-15

以臀部为支撑点，一腿屈膝外侧着地，大小腿夹角约为 90° ；另一腿屈膝内侧着地，大小腿夹角约为 30° ,两腿坐地为"万"字状。（图 6-15）

要领：挺胸、立腰，两腿稍紧绷用力。

（十）伏虎步

一腿屈膝下蹲，全脚掌着地，脚尖稍外展，另一腿屈膝折叠内侧着地，大小腿夹角约为 30° 。（图 6-16）

要领：含胸、立腰，重心后坐。

图 6-16

三、手法

（一）抖神手

马步变弓步，身体左转；左掌变拳由内向下压后收回腹前，右掌变拳由内向外弹出，拳与眼平、拳心向内；目视前方。（图 6-17、图 6-18）

要领：左手按压、右手上提弹抖要迅速，力贯拳背。

图 6-17

图 6-18

（二）洗脸拳

两腿成半马步；右手握拳由内向外抡砸，左掌置于右腹前；目视前方。（图 6-19、图 6-20）

要领：后闪身，右拳顺时针抡砸要迅速有力，力贯拳背。

图 6-19

图 6-20

（三）摸抓掌

两腿成三七步；双掌下插，利用腕关节外旋外翻下扣；目视前方。（图 6-21、图 6-22）

要领：手腕翻转要圆滑、有力，双肘内夹，下扣迅速有劲。

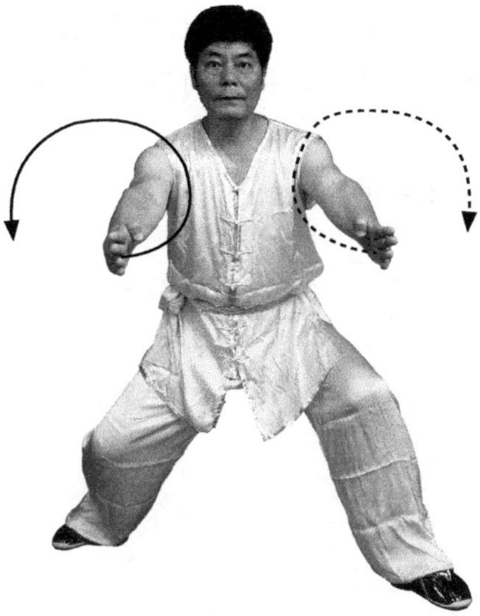

图 6-21

图 6-22

（四）阴阳推撩掌

左弓步右冲拳开始，右脚上步，右拳变掌往下收回至右大腿内侧，左掌经左胸向右侧推出；目视右前方。（图 6-23、图 6-24）

要领：左掌阳推寸劲，右掌阴撩黏抓。

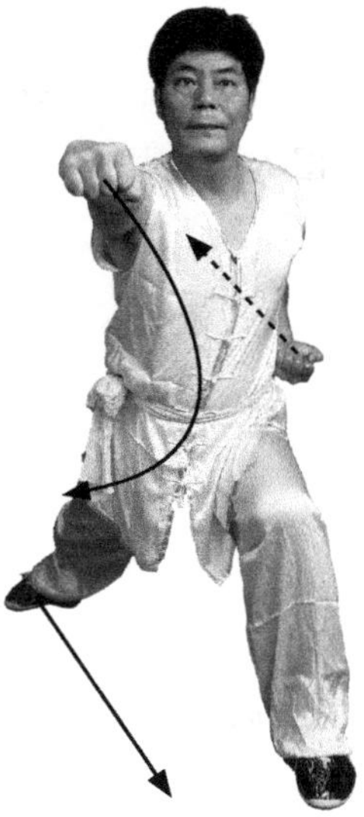

图 6-23

图 6-24

(五)横断

半马步左冲拳开始，左脚尖稍外展，左拧腰右送肩，将右臂屈肘向前方摆击，同时左手变掌击拍右前臂；重心左移成左弓步；目视前方。(图 6-25、图 6-26)

要领：转身快速，左手架拍，力贯右肘部，上体前倾。

图 6-25

图 6-26

四、步法

(一)障眼步

半马步开始，重心前移至前腿，前腿微屈，后腿向前腿后方插步，后跟稍离地。(图 6-27、图 6-28)

要领：重心前移，上体沉稳不变。

图 6-27

图 6-28

（二）拐叉步

半马步开始，重心移至后腿，前腿向后腿退步，脚跟离地，双腿屈膝下蹲。（图 6-29、图 6-30）

要领：上体沉稳，挪步轻巧；微含胸沉肩。

图 6-29

图 6-30

（三）狗咬尾步

右半马步开始，重心前移至右腿，右脚尖内旋，左脚向右脚后方插步，身体随之左转 180°；然后，提右脚由后向左、向前转 225°，下蹲成伏虎步。（图 6-31~图 6-33）

要领：转体要迅速稳健，重心渐沉，落步稳健，上体微含胸。

图 6-31

图 6-32

图 6-33

五、地面基本技术

（一）抢背（天犬滚珠）

以右脚在前为例。身体前扑，双手撑地，勾头；然后，左脚从后向上摆起，右脚蹬地跳起，团身向前滚翻；接着，左腿屈膝，右腿伸直向前、向下击打。（图 6–34~图 6–36）

要领：勾头、团身，着力点依次为肩、背、臀，击打脚伸直下扣。

图 6–34

图 6–35

图 6–36

（二）蝴蝶脚

以左侧卧“万”字脚为例。右腿伸直逆时针贴地摆动，左腿随之贴地摆动至正前方绞剪后成左侧卧“万”字脚。（图 6–37~ 图 6–40）

要领：依次贴地摆动时两腿要直，要尽量贴地，快速、有力，同时要勾头、含胸。

图 6–37

图 6–38

图 6–39

图 6–40

（三）铲蹬脚

以左侧卧为例。左腿屈膝落地，右腿向前铲蹬；右腿屈膝收回，左腿向前铲蹬；双腿各蹬铲两次。（图 6-41、图 6-42）

要领：双腿依次连环蹬铲要连贯、快速、协调、有力，力贯脚跟。

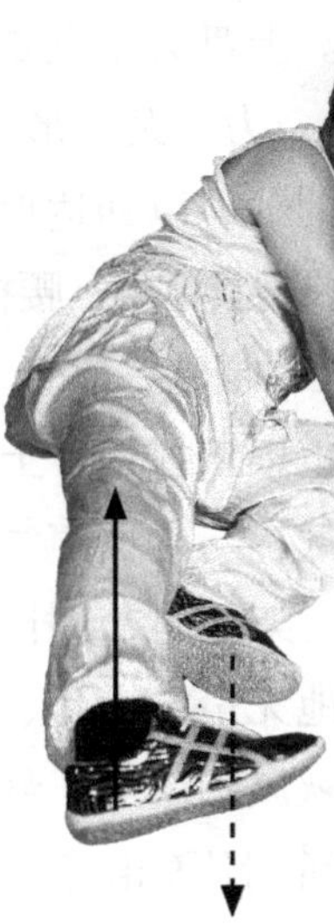

图 6-41

图 6-42

第三章　地术拳套路动作详解

本地术拳套路萃取传统地术拳的精华缩编而成，保留了传统地术拳的风格特点，具有代表性。地术拳套路或技法动作分上盘、中盘、下盘。上盘为站立之势，中盘为跪蹲之势，下盘为倒地之势。上盘动作结构讲究声、气、力、劲，形、意、神、势，低桩、扎马，爪抓地，含胸、拔背、沉胯，要求以声催劲、以劲达形，力贯顺达、静时有势、静中呈威，动有章法、动显威猛。身法则要护胸抖宗身、腰摆肩头撞，吞、吐、浮、沉讲时宜。手法讲究刚柔相济、刚中有柔、柔中带刚，以金、水、火、土变化生阴阳两极，缓中带劲、急中有力。步法讲究落地生根爪抓地，上步入土扎桩马。上盘的动作应凸显南拳磅礴、刚猛的气势，内在精气神与外在声气力有机结合。中盘动作只有简单的单蝙蝠与铲马步，讲究身法的躲闪、架势，灵活扑窜与闪避，集中体现变与快，架上击下、承上启下。下盘动作则以落地无声扫大片、翻滚流畅善应变，讲究滚中有击、翻中带打，动如泰山压顶，急似秋风扫落叶，静如灵犬伺扑、虎踞龙盘。整个上、中、下套路动作动静分明、快慢相间、刚柔相济、抑扬顿挫、章法清晰。套路短小精悍，易于掌握，便于推广。

一、动作名称

预备势

第一式　抱印	第十一式　灵犬反扑
第二式　罗汉开弓	第十二式　开门拳
第三式　关公捞须	第十三式　穿心脚
第四式　抖神手	第十四式　阴阳震贴掌
第五式　扫膝腿	第十五式　神犬回鞭
第六式　拳洗面	第十六式　横断
第七式　瞒天脚	第十七式　吐信脚
第八式　罗汉撞钟	第十八式　叉箭
第九式　罗汉伏狮	第十九式　架打
第十式　美人接招	第二十式　洗面爪

二、动作图解

预备势

自然站立，两臂自然下垂摆放，调息凝气；然后，微提肘，聚劲向左迅速甩头。（图 6–43、图 6–44）

图 6–43

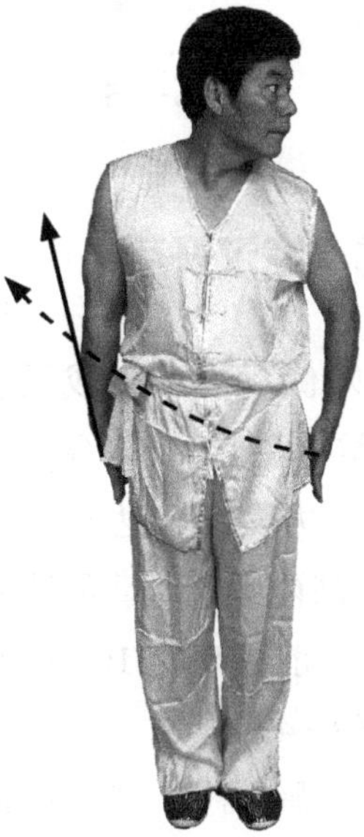
图 6–44

第一式　抱印

高虚步顶肘： 右脚向后撤半步，震脚落地，右转身，重心落于右腿；同时，右手变拳迅速提起屈肘向后顶，左手由下划弧推向右肩前立掌；目视右后侧。（图 6–45）

虚步抱拳： 重心下沉成左虚步；同时，左掌变双指（拇指、无名指、小指屈指），

右拳拳面贴左掌心向前推出，双肘稍屈；目视前方。（图 6–46）

要领：震脚、顶肘一气呵成；虚步挺胸沉胯。

图 6–45

图 6–46

第二式　罗汉开弓

左脚向左侧后撤半步成马步；同时，双手变掌（左上右下、掌心朝上），沉气（吸气）力贯前臂达掌运劲向腹前平切出，外展内敛（双掌顶稍宽于肩；双肘内收于肋前，离肋 10 厘米）；目视前方。（图 6–47）

要领：挺胸沉胯、拧腰催劲至手臂。

图 6–47

第三式　关公捞须

身体左转 45° 成左弓步（此动作过渡有别于弓步，左腿呈微弓形，右腿一定要蹬直，主要是用于提气、收劲）；同时，双掌缓收于双肋边，掌心朝上，双肘内夹；目视右掌。（图 6–48）

不停，身体右转成马步，两臂内旋翻掌利用转身拧腰催劲迅速向前下方切出。力贯掌外沿（掌刀、以声气催劲力）；目视前方。（图 6–49）

要领：挺胸沉胯、拧腰催劲时身体左拧、劲至掌侧。

图 6–48

图 6–49

第四式　抖神手

身体稍左转，重心左移成左弓步；同时，左掌变拳由内向下压后收回腹前，右掌变拳由内向外弧线抖动，拳与额平，拳心向内；目视前上方。（图 6–50）

要领：左掌下按、右拳上砸动作一气呵成，柔中带刚。

图 6–50

第五式　扫膝腿

重心移至左腿，屈膝半蹲，提右脚向前弹踢，与膝同高；同时，左手握拳置于右胸前，右手肘稍屈置于身体右侧；目视前方。（图 6–51）

要领：重心要稳，出脚要快，力达脚面。

图 6-51

第六式　拳洗面

重心前移，右脚落地成马步；同时，右拳由内向外抡砸，左拳变掌置于右腹前；目视前上方。（图 6-52）

要领：抡臂砸拳，力达拳背。

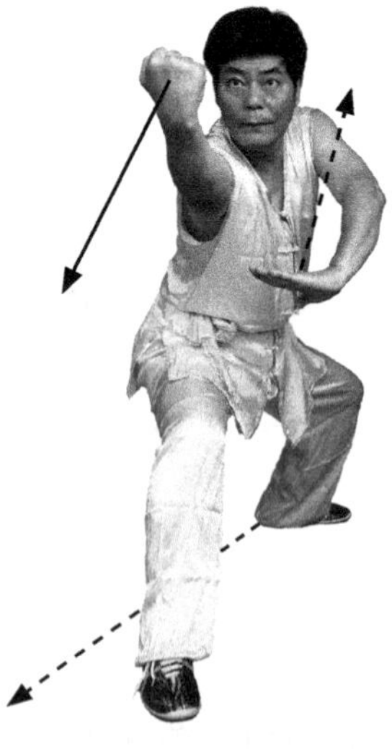

图 6-52

第七式 瞒天脚

左脚向右脚后方撤步成叉步；同时，右手收回向前下方斜砸拳；然后，重心迅速落于左腿，提右脚向右侧踹出，与腹同高。（图 6-53、图 6-54）

要领：左脚撤步要快，重心转移要稳，出脚要迅速。

图 6-53

图 6-54

第八式 罗汉撞钟

右脚收回落地成马步；同时，右拳收回腰间后迅速向右侧方冲拳，左手变掌护于右肘旁，右冲拳时以声气助力；目视右方。（图 6-55）

要领：收脚落地、冲拳一气呵成，力达拳面。

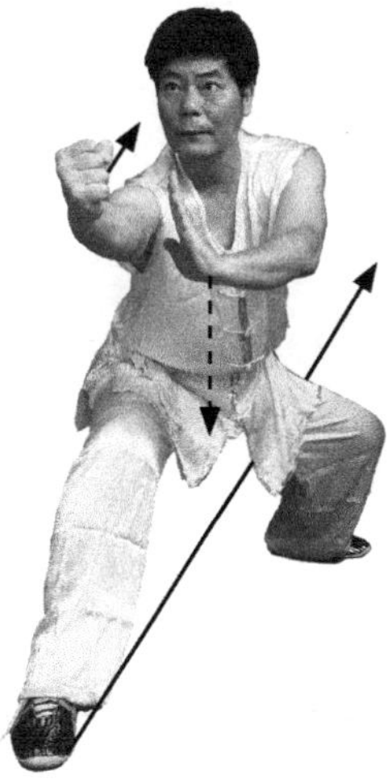

图 6-55

第九式 罗汉伏狮

右脚迅速向右后方撤步，身体右转 180°，成马步；同时，右拳提至与肩同高，左掌向下按掌，掌心向下，虎口向右；目视左侧。（图 6-56）

要领：挺胸沉胯，重心后坐。

图 6-56

第十式　美人接招

左脚向右脚后方撤步成叉步，双腿屈膝半蹲；同时，左掌变拳置于左腰前侧，右拳置于右胸前。（图 6-57）

要领：叉步重心要稳，含胸；左臂稍屈肘。

图 6-57

第十一式　灵犬反扑

重心移至右腿，提左脚向左侧踹出，与腰同高；目视左侧。（图 6-58）

要领：出脚快、隐、稳，力达脚面外侧。

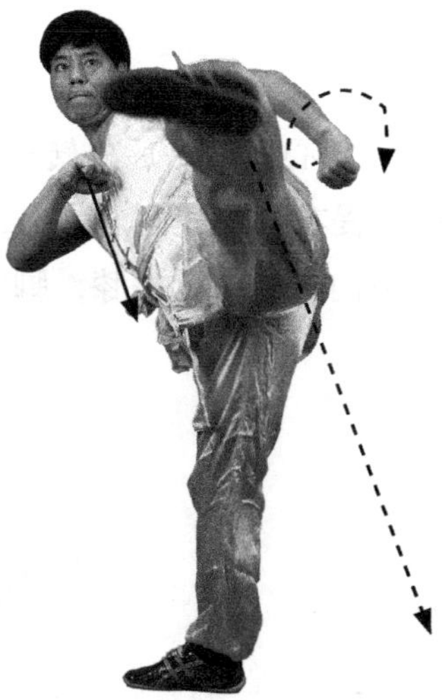

图 6–58

第十二式　开门拳

左脚落地于左前方，重心前移成左弓步，左臂稍屈肘作格挡状；右拳收回腰间后迅速向前冲拳，同时左拳收回左腰间；目视前方。（图 6–59、图 6–60）

要领：落脚、格挡、冲拳一气呵成，动作明晰，力达拳面。

图 6–59

图 6–60

第十三式　穿心脚

双拳变掌在体前屈肘交叉（掌心向内）后外转成抓掌（掌心斜向下），稍屈肘，双肘内夹；同时，重心移至左腿，提右脚迅速向前蹬出；目视前方。（图 6-61、图 6-62）

要领：双手内旋外翻，双肘内夹；右脚提膝，脚面扣紧。

图 6-61

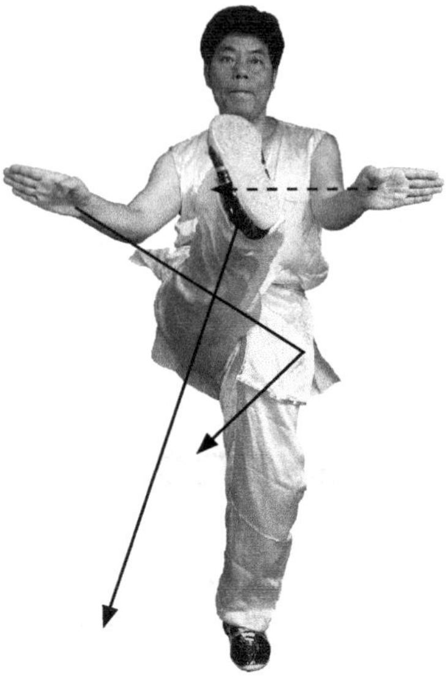

图 6-62

第十四式　阴阳震贴掌

右脚迅速收回落地于右前方成马步；同时，右掌迅速收回右膝内侧，左手立掌于右肩前，然后双掌迅速向右侧推出，推掌时以声气助劲；目视右侧。（图 6-63）

要领：拧腰抖劲，重心后坐；双掌拇指内扣。

图 6-63

第十五式　神犬回鞭

右脚原地震脚，身体左转，提左脚向后挪一小步成马步；同时，左掌变拳由胸前向左侧挥出，拳眼朝上；目视左侧。（图 6-64、图 6-64 附图）

要领：震脚、挪步、转身要连贯，挥鞭拳利用拧腰之力，力达拳背。

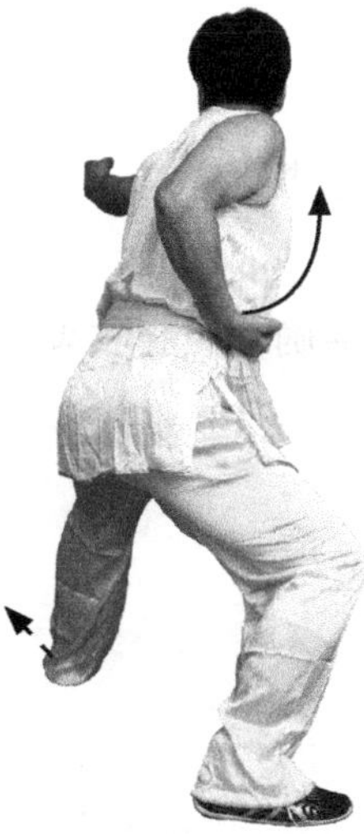

图 6-64

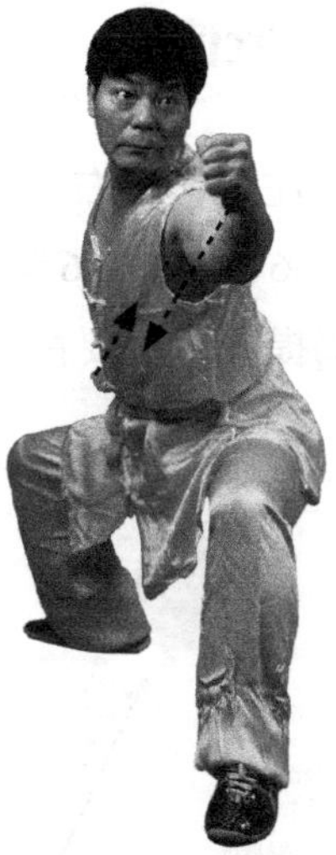

图 6-64 附图

第十六式　横断

左脚向左稍移，重心偏向左腿成高弓步；同时，右臂利用上体左旋屈肘向前摆，左拳迅速变掌击拍右前臂；目视前方。（图 6-65、图 6-65 附图）

要领：利用左脚挪步拧腰之力摆肘，力贯肘部。

图 6-65

图 6-65 附图

第十七式　吐信脚

重心前移至左腿，起右脚向前弹踢；同时，左手向左摆出立掌，右掌迅速击拍右脚面。（图 6-66、图 6-66 附图）

要领： 弹踢提膝速度要快，右手拍击脚面时干脆、准确，屈膝收脚。

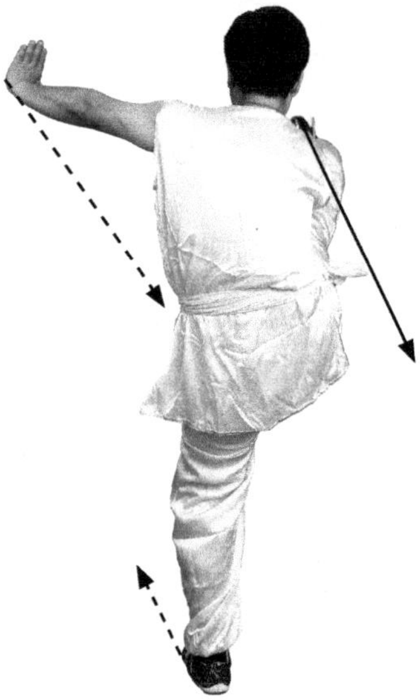

图 6-66

图 6-66 附图

第十八式　叉箭

落右脚，提左脚上步成左三角马；同时，双掌向内划弧交叉收回至腰间，掌心向内；然后，双掌用劲斜朝前下方插出，绷腕，掌心相对，双插掌时以声气助力；目视前方。（图 6-67、图 6-68，图 6-67 附图、图 6-68 附图）

要领： 落脚、上步要迅速；两掌下插快速有力，力达掌尖。

图 6-67

图 6-67 附图

图 6-68

图 6-68 附图

第十九式　架打

右脚向前跨一步，迅速转身成马步；同时，右掌变拳由下往左、往上架于头右侧上方，拳眼朝下，左掌变拳向左侧击出；目视左侧。（图 6-69）

要领：挺胸沉胯，上架甩头冲拳同时完成。

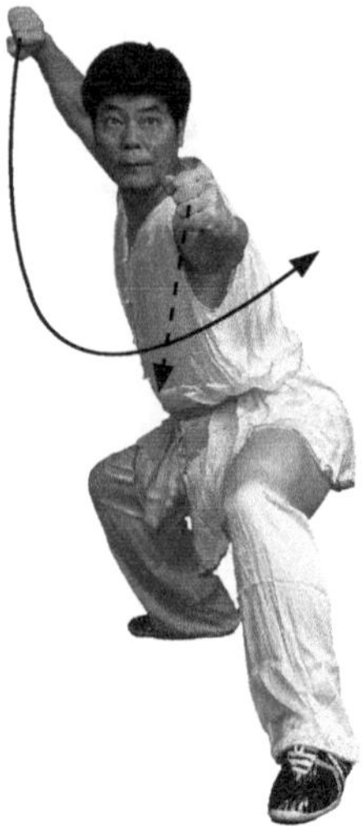

图 6-69

第二十式　洗面爪

左脚向左稍移，成高弓步；同时，左拳变爪收回下按于腹前，右拳变爪，经右胁前迅速向左前上方击出，与下颌同高；目视前方。（图 6-70）

要领：下按拧腰击爪一气呵成，力贯爪根。

图 6-70

第二十一式　狗窜户

重心移至左腿，稍屈膝，利用向左拧腰之力，起右脚屈膝向前顶撞；同时，左

爪变拳护于左肩前，右爪变拳向右后方摆出；目视前方。（图 6–71）

要领：右腿利用左脚尖外展、左拧腰提膝上顶，脚面绷紧。

图 6–71

第二十二式　撞根肘

落右脚，向左后转体 225° ，左脚向后弧跨；同时，左臂随体转挥抡。然后，左脚不动，右脚随之向右挪步成单蝶步；同时，右手屈肘向前摆，左手收回拍击右前臂；目视前方。（图 6–72~ 图 6–74）

要领：转体成单蝶步要快稳；拧腰摆肘，力贯肘部。

图 6–72

图 6–73

图 6–74

第二十三式　拗筝

单蝶步不变；右拳变爪由外向内绕后向前击出，同时左掌变爪由外向内捞至腹前，以声气助力；目视前方。（图 6–75）

要领：左爪内捞、右爪推击同时进行。

图 6–75

第二十四式　穿针脚

双手拍地，重心落于双手间；同时起身，双脚向前方蹬出落地。然后，左侧身撑地，落地时左脚勾脚内收，右脚向外蹬出；不停，右脚内收，左脚外蹬；左右各两次。（图 6–76、图 6–77）

要领：撑地、身体腾空、向外蹬脚动作连贯、一气呵成，双脚连环用力外蹬。

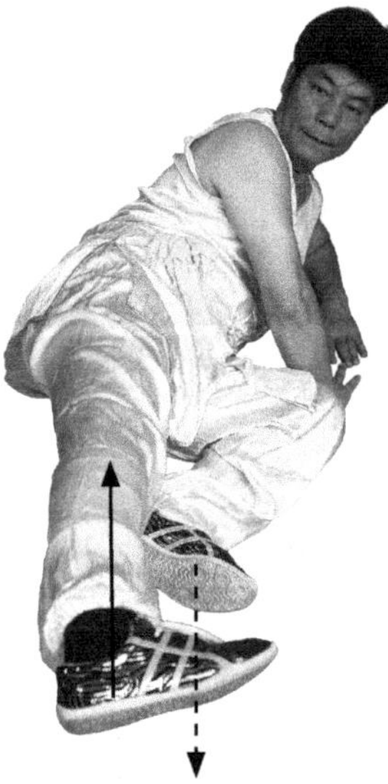

图 6–76

图 6–77

第二十五式　朝天脚

身体左侧卧姿势不变，仰头，左脚内屈小腿提起，右脚上蹬；目视右脚掌。（图 6–78）

要领：右腿收脚上蹬快速、有力，上体仰起。

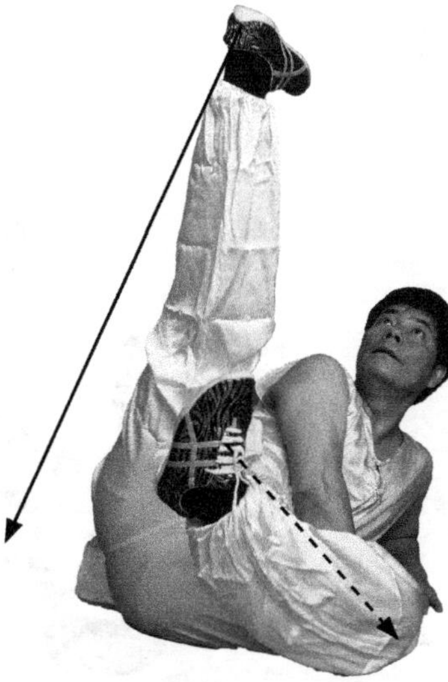

图 6-78

第二十六式　蝴蝶腿

右蝴蝶腿：左侧身卧地姿势不变；右脚迅速向下后成“万”字脚，以左腚为支撑，利用倒地带腰之力，右腿脚面绷直向左、向上、向右（右腿沿逆时针方向贴地面摆动，向右时辗转身体成右侧卧地），再向左摆扫一点（配合左腿再向左扫击时剪切）随即向右剪切；左腿绷直随右腿向左、向上、向右、再向左扫剪（随右腿沿逆时针方向摆动），剪切动作在身体直线前方两夹腿间 45° 左右完成，随即盘腿坐立，左腿稍屈膝腿，内侧着地，右腿屈膝腿外侧着地（右侧身）成坐盘“万”字脚；目视前方。（图 6-79~图 6-82）

图 6-79

图 6-80

图 6-81

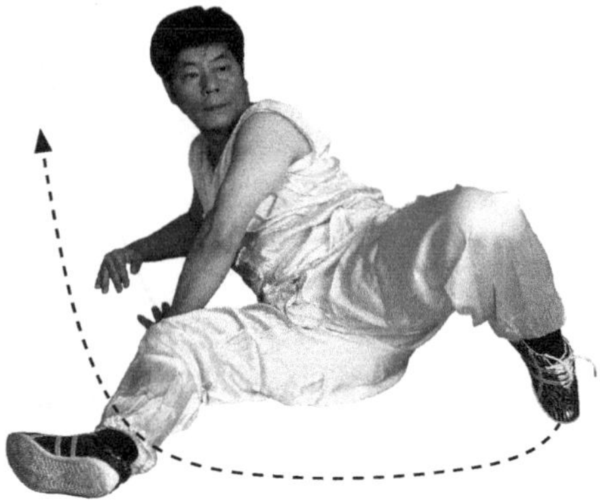

图 6-82

左蝴蝶腿：侧身卧地，以右腚为支撑，利用倒地带腰之力，左腿脚面绷直向右、向上、向左（左腿沿顺时针方向贴地面摆动，向左时辗转身体成左侧卧地），再向右摆扫一点（配合右腿再向右扫击时剪切）随即向左剪切；右腿绷直随左腿向右、向上、向左、再向右扫剪（随左腿沿顺时针方向摆动），剪切动作在身体直线前方两夹腿间 45° 左右完成，随即盘腿坐立，右腿稍屈膝腿，内侧着地，左腿屈膝腿外侧着地（左侧身）成坐盘“万”字脚；目视前方。（图 6-83~图 6-85）

图 6-83

图 6-84

图 6-85

右蝴蝶腿：同前右蝴蝶腿。（图 6-86~图 6-89）

图 6-86

图 6-87

图 6–88

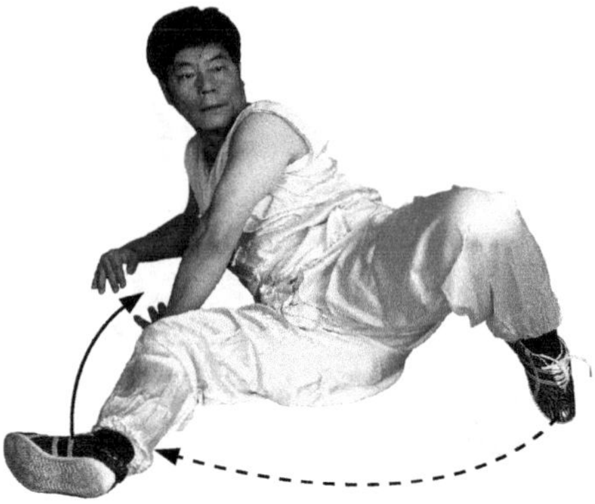

图 6–89

要领：蝴蝶腿是地术拳地面基本功，在整个组合动作中，两腿不停地扫转。两腿绷直、扫转有力协调，腚部不宜抬高。

第二十七式　灵犬回锤

重心前移，左腿屈膝半蹲，右腿屈膝跪地成单蝶步；同时，左臂收回，左手由爪变拳上架于左侧上方，右手变拳由左肩向右侧下方砸出；目视右拳。（图 6–90、图 6–90 附图）

要领：蝴蝶腿起身成单蝶步流畅、自然，上体往左侧偏移，下砸拳力贯前臂。

图 6–90

图 6–90 附图

第二十八式　犬挥鞭

起身成马步，身体稍向右倾；同时右拳向下、向左、向上再向右抡砸，拳心朝上，左手握拳置于右腋前；目视右侧。（图 6–91、图 6–91 附图）

要领： 挺胸沉胯，重心稍后坐，上体稍右倾，抡臂带劲。

图 6–91

图 6–91 附图

第二十九式　天犬滚珠

重心前移，右脚蹬地（可用双手向前伸出撑地，右手可远点，且掌尖稍往左），屈身成弓背；利用右脚尖的蹬力向前滚蹬，滚的同时头往左内扣，用右肩背触地滚翻（滚翻要成直线）；滚出的同时左腿屈膝带勾，右腿伸直，利用滚动带腰力向前、向下扣击（扣紧、勾紧脚踝使脚底朝下）；然后成左侧铲坐势后迅速站起成马步，目视右侧。（图 6–92~图 6–95，图 6–94 附图、图 6–95 附图）

要领： 肩、背、腰、臀依次着地，滚翻要圆、快。右腿伸直，脚底用力扣地。起身迅速。

图 6–92

图 6–93

图 6-94

图 6-94 附图

图 6-95

图 6-95 附图

第三十式　抱印

提右脚落地震脚，同时身体左转，重心落于右腿；右手屈肘向后顶，左手立掌于右肩前。随即重心下沉成左虚步；同时，左掌由掌变双指（拇指、无名指、小指屈指内扣），右拳面贴于左掌心，双手由右胸前向前推出，双肘稍屈，挺胸沉胯；目视前方。（图 6-96、图 6-97）

要领：震脚迅速、稳健。虚步挺胸塌腰，虚实分明。

图 6-96

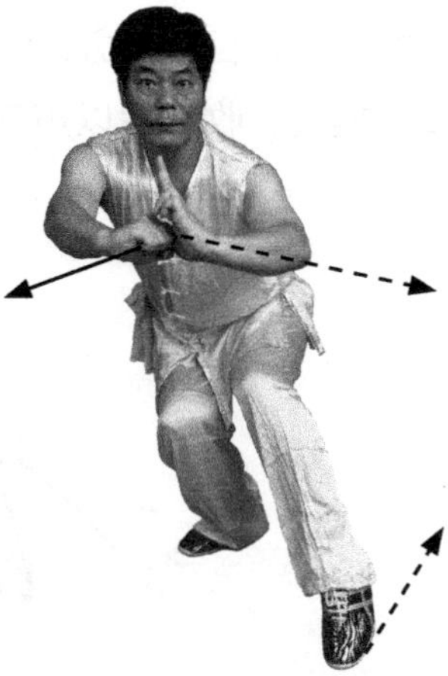

图 6-97

第三十一式　罗汉开弓

左脚向左侧后撤半步，成马步；同时，双手变掌（左上右下、掌心朝上），沉气（吸气），力贯前臂达掌运劲向腹前平切出，外展内敛（双掌顶稍宽于肩，双肘内收于肋前，离肋 10 厘米）；目视前方。（图 6-98）

要领：挺胸沉胯，两肘内夹，劲贯两臂。

图 6-98

第三十二式 关公捞须

马步；双掌收于腰两侧，掌心朝上，双肘内夹，两臂内旋翻掌，利用转身拧腰催劲迅速向前下方切出；目视前方。（图 6-99）

要领：拧腰、提气、收劲后以声气催劲力，力贯掌外沿。

图 6-99

收势

左脚向右脚并拢，双腿直立；双手前臂内旋，掌心朝上，上提至胸前（吸气）后，前臂外旋，掌心朝下按下（呼气）；目视左前方。（图 6-100）

图 6-100

福建南拳规定套路

第一章　福建南拳规定套路概述

南拳是中国武术的主要拳种之一，长期广泛流传于我国南方诸省，在国内外均有良好的群众基础。

为了贯彻中国优秀传统（武术）文化迈进校园的方针，全面提高青少年身体素质，同时促进福建南拳对内普及和对外推广，福建省武术协会对福建南拳系列进行研究与整理，将福建省流传较好的南拳拳种主要技法和技击用法进行充分收集，经专家审定，集永春白鹤拳、五祖拳、连城拳、福州鹤拳、虎尊拳、地术拳各家项目之长，编写适合青少年练习的福建南拳规定套路，它将对福建南拳的发展起到很大的促进作用。

该套路内容充实，结构合理，节奏明快，衔接流畅，充分体现了南拳步法稳健、手法多变，动作紧凑、劲力刚健，气沉丹田、发声吐气的运动特点。

福建南拳规定套路动作名称

第一段

1. 并步起势
2. 平马双坠
3. 过骱吞手
4. 平马双闸
5. 平马双擒
6. 太祖抱印
7. 平马双挑
8. 退马搓入
9. 进双平拳
10. 进马擒挣
11. 聿马打节
12. 随手开下
13. 穿心脚
14. 阴阳震贴掌
15. 铁牛入石
16. 和尚撞钟

第二段

17. 猛虎戏爪
18. 鹤顶手摔箭
19. 上步啄盖
20. 聿马鞭拳
21. 霸王开弓
22. 钟鼓齐鸣
23. 上下连手
24. 二虎争威

25. 挑手拂肚
26. 蝴蝶双飞
27. 拨水求鱼
28. 千斤称出
29. 昭阳坠落
30. 白鹤剪翅
31. 弥勒献肚
32. 鹤翅裁腰

第三段

33. 白鹤独立
34. 狗仔颤水
35. 风卷残云
36. 白马悬蹄
37. 天犬滚珠
38. 铲蹬脚
39. 朝天脚
40. 蝴蝶脚
41. 撞根肘
42. 拗竹
43. 横肘掉捶
44. 双插箭

第四段

45. 左右劈斗
46. 美女缠袖
47. 进马擒掌
48. 进马擒挣
49. 桂英割挡
50. 左手挑掌
51. 力劈华山
52. 寄脚昭阳
53. 过骱吞手
54. 平马双坠
55. 并步收势

第二章　福建南拳规定套路详解

第一段

1. 并步起势

面向场地正前方，并步直立；两臂自然下垂，紧贴大腿两侧；目视前方。（图 7–1）

图 7–1

2. 平马双坠

（1）身体右转，右脚向右横开一步成右过骭马；同时，双掌变拳收于两胁处，拳心朝上；目视左前方。（图 7–2）

（2）身体向左旋转成四平马；同时，双拳向前下方坠出，拳心朝下；目视前方。（图 7–3）

要领： 拧腰转胯成马步协调一致，力达拳面。

图 7–2

图 7–3

3. 过骱吞手

身体右转成右过骱马；同时，双拳收回两胁处，拳心朝上；目视左前方。（图7-4）

要领：拧腰转胯成过骱马协调一致，双顶肘短促有力，一气呵成。

图 7-4

4. 平马双闸

身体向左旋转成四平马；同时，双拳变掌向前下方插出，掌心朝下，指尖微内扣；目视前方。（图7-5）

要领：以腰带臂向下插掌，力达指尖，马步稳健。

图 7-5

5. 平马双擒

两掌由下向上交叉于胸前，左掌在内，右掌在外，两掌心向里；随即由前划弧向两侧擒出，虎口朝前，掌心朝下；目视前方。（图 7–6）

要领： 双掌向两侧分开，与肩同宽，沉肩坠肘。

图 7–6

6. 太祖抱印

（1）身体右转成右过骱马；同时，两掌变拳收于两胁处。（图 7–7）

（2）身体左转成四平马；随即左拳变掌平托右拳经右腰侧绕摆向前推出，右拳拳心朝上；目视前方。（图 7–8）

要领： 两臂内旋重叠成请拳，沉肩坠肘，马步稳健。

图 7–7

图 7–8

7. 平马双挑

（1）右拳变掌与左掌同时向两侧抖动分开。（图 7–9）

（2）两掌向内旋腕成立掌，指尖朝上，掌心朝前；目视前方。（图 7–10）

要领：沉肩坠肘，双肘弯曲，肘尖距离腋下一拳，力达掌根。

图 7–9

图 7–10

8. 退马搓入

身体右转，随即右脚向右后方退半步成左三战马步；同时，右掌收于右肩前，掌心朝外，左掌收于右胯前，掌心朝内；目视右前方。（图 7–11）

要领：腰带臂，臂带肘，旋腕缓慢沉稳，协调一致。

图 7–11

9. 进双平拳

身体左转，左脚向前上步，右脚跟步成左三战马步；同时，两掌变拳向前贯出，拳心朝下，拳眼相对，发声"嗨"；目视前方。（图 7–12）

要领：双拳向前贯出，与肩同高，力达拳面，发声浑厚响亮。

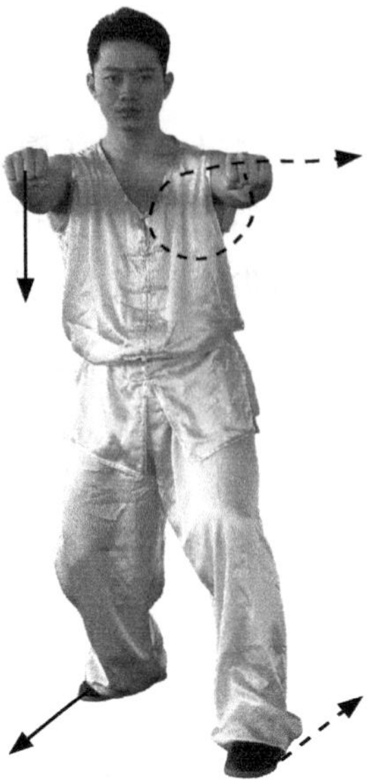

图 7-12

10. 进马擒挣

（1）右脚向右前上一步，身体微左转 90° ，彗左脚成左三战马步；同时，左拳变掌经右胯向左前上方划弧过眉擒出，掌心向下，虎口朝前；右拳收于右胁处；目视前方。（图 7-13）

图 7-13

（2）身体微左转，右脚向前上步成右三战马步；随即左拳收于左肋处，右拳由右肩前向前挣出，拳心朝下；目视前方。（图 7–14、图 7–14 附图）

图 7–14

图 7–14 附图

（3）身体微右转；随即右拳收于右肋处，左拳由左肩前向前挣出，拳心朝下；目视前方。（图 7–15）

要领：连环两冲拳发劲有力到位，力达拳面。

11. 㚔马打节

身体微左转，右脚向前上步，左脚跟步，成右三战马步；同时，右肘屈臂由右胁处向前击出，肘尖朝前，左拳变掌护于右腕处；目视前方。（图 7–16 、图 7–16 附图）

要领：右肘屈臂向前击出，力达肘尖。

图 7–15

图 7-16

图 7-16 附图

12. 随手开下

身体稍向右转；随即右拳变掌向右前方开出，掌心朝下，同时左掌变拳，拳心朝上收于左腋旁；目视前方。（图 7-17、图 7-17 附图）

要领：右拳变掌，前臂内旋发力，力达右臂外侧。

图 7-17

图 7-17 附图

13. 穿心脚

（1）右脚向前上一小步成骑龙步；同时，左拳变掌，双手由下向上经体前交叉向外抓掌，掌心朝下；目视前方。（图 7–18）

图 7–18

（2）身体起立，重心落于右腿，左腿迅速屈膝提起向前蹬出，力达脚跟。（图 7–19）

要领：双手内旋外翻，双肘内夹；左腿提膝，脚面扣紧。

图 7–19

14. 阴阳震贴掌

（1）左脚向前方落步成马步；同时，左掌收于右腰侧，右掌立于右胁处。（图 7–20）

（2）身体左转成弓步；同时，两掌向左前方推出，右掌立于左肩前，左掌立于左膝内侧；目视左前方。（图 7–21）

要领：拧腰抖劲、重心前移，双掌拇指内扣。

图 7–20

图 7–21

15. 铁牛入石

（1）左腿屈膝向后微收成左虚步；同时，左臂屈肘，左掌变姜指手，由下经体前向前、向下穿出挡于左膝前，右掌变姜指手收于上体外侧；目视前下方。（图 7–22）

图 7–22

（2）身体左转，随即左脚向左外撇屈蹲，右脚向前勾扫 180° 成仆步；同时，双手变掌由左经体前绕摆向右劈于仆腿内侧，左掌心朝右，右掌心朝左；目视右前方。（图 7–23、图 7–23 附图）

图 7–23

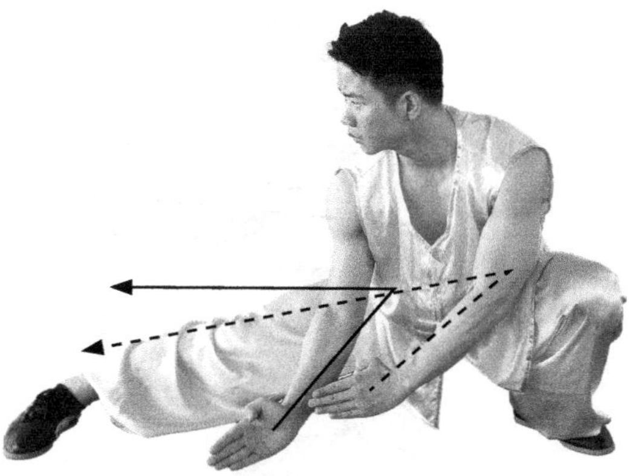

图 7–23 附图

（3）起身，身体右转成弓步；同时，双掌变拳收于腰间，再向腹前下方冲拳；目视前方。（图 7–24 、图 7–24 附图）

要领：扫腿与劈掌同时发力，弓步与冲拳完整一致，力达拳面。

图 7–24

图 7–24 附图

16. 和尚撞钟

（1）身体右转；同时，左脚向前上步成马步，右拳屈肘收于右胁处，左拳向左前方格拳；目视前方。（图 7–25）

（2）身体左转成左弓步；同时，左拳收于左胁处，右拳向前冲拳；目视前方。（图 7–26）

图 7–25

图 7–26

（3）身体右转成马步；同时，右拳屈收于右胁处，左拳向前冲拳；目视左拳方向。（图 7–27）

（4）左臂屈肘，左拳由左向右、向下拽于右腰间，右拳心朝上，左拳心朝下。（图 7–28）

图 7–27

图 7–28

（5）身体左转，左脚向左前方上步成左弓步；同时，双拳向左前方撞拳，左拳心朝上，右拳心朝下，拳心相对；目视左前方。（图 7–29）

要领：撞拳随转体连贯发力，力达前臂。

图 7-29

第二段

17. 猛虎戏爪

（1）身体左转，左脚向左前方撇脚，脚尖向左；同时，双手握拳，左拳收于腰间，右拳收于胸前，两拳心朝上；目视前方。（图 7-30、图 7-30 附图）

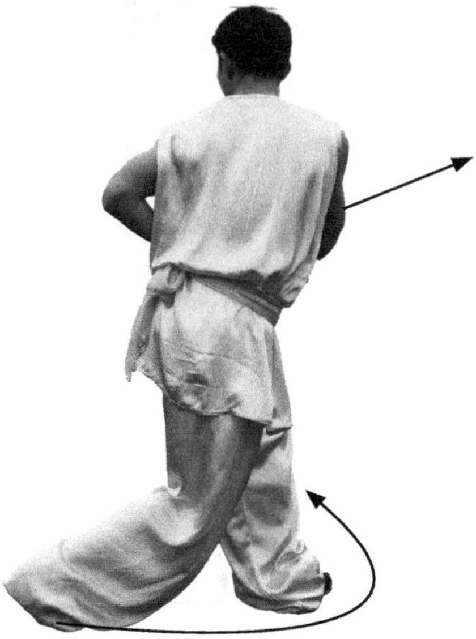

图 7-30

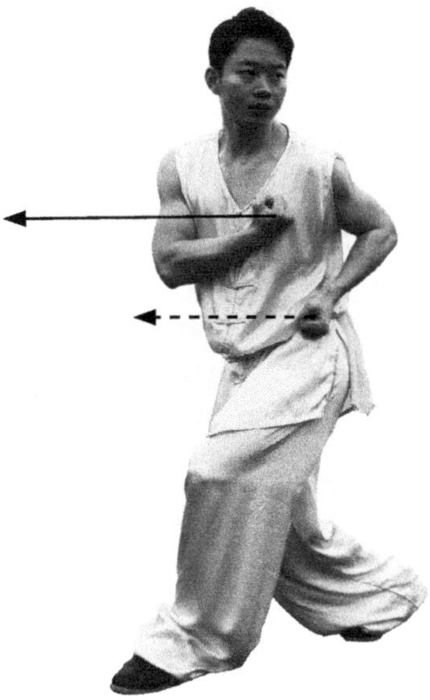

图 7-30 附图

（2）右脚向左腿前盖步，两腿屈膝；同时，双拳变爪，右爪向内旋腕，由左向右经体前划弧摆爪，左爪顺势护于右肘内下方；目视右爪方向。（图 7-31）

要领：双爪与盖步同时到位，转体与摆爪协调一致，力达爪尖。

图 7-31

18. 鹤顶手摔箭

（1）身体左转，左脚向左前方上步成左跪步；随即双爪变掌由右向左经体前交叉按于左膝前，左掌在下，右掌在上；目视前下方。（图 7-32）

（2）身体立起，左腿屈膝提起，右腿支撑成右独立步；同时，两掌屈腕由下向上提扣成鹤顶手；目视前方。（图 7-33）

要领：独立步支撑稳固，丹田发力，松肩抖臂，力达爪尖。

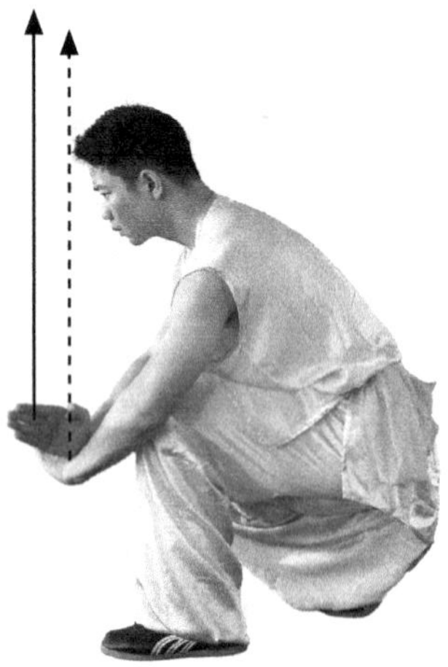

图 7-32

图 7-33

19. 上步啄盖

左脚向前上步、右脚跟步成左三战马步；同时，左鹤顶手变掌由下经体前向上划弧，随即向前啄出，压腕沉肘，右拳向内旋腕收于右肋处，拳心朝上；目视前方。（图 7–34 ）

要领：拧腰抖劲、重心后坐，左掌拇指内扣，力达指尖。

图 7–34

20. 骨马鞭拳

（1）身体不动；左掌由上向下经体前划弧向上挑掌，掌心朝右，指尖朝上；目视前方。（图 7–35）

（2）左脚上步、右脚跟步成左三战步；同时，左掌由屈到伸向前切掌，右拳向外旋臂收于右耳侧，目视前方。（图 7–36）

图 7–35

图 7–36

（3）身体左转；同时，右拳内旋向上、向前鞭出，左掌变拳收于左腋旁，发声“呔”；目视前方。（图 7–37）

要领：拧腰转胯协调一致，挂鞭拳快速有力，力达前臂，发声浑厚响亮。

图 7-37

21. 霸王开弓

右脚向前上步，左脚跟步，身体左转；同时，右拳向左旋臂内收紧贴左前臂，随即向右格出；目视前方。（图 7-38）

要领：上步与格拳连贯、协调，力达前臂。

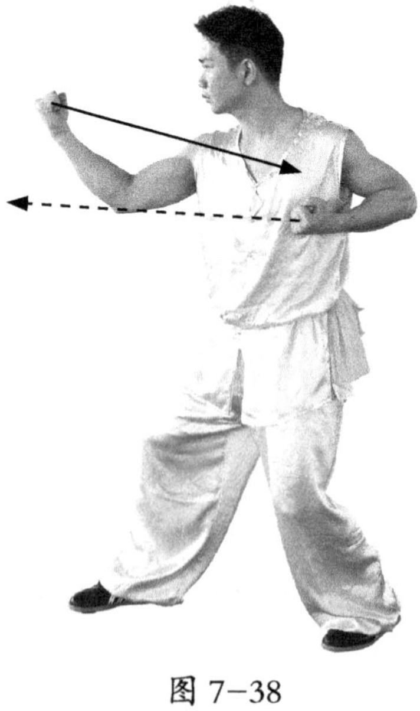

图 7-38

22. 钟鼓齐鸣

身体右转；随即左拳、右拳、左拳向前方连环立冲拳，拳眼朝上；目视前方。（图 7–39~图 7–41）

要领：连环冲拳快速有力，一气呵成，力达拳面。

图 7–39

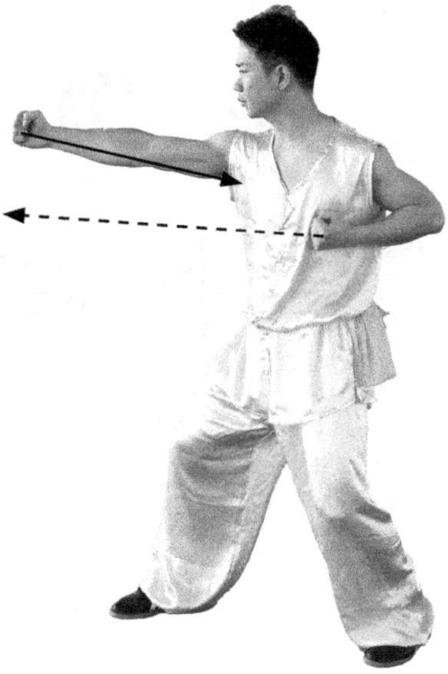

图 7–40

图 7–41

23. 上下连手

（1）双拳变爪，由外向内、向上捞起置于胸前成交叉手；同时，左脚向左后方退一小步，右脚向右前方点地，成右高虚步；目视前方。（图 7–42）

（2）右脚、左脚向前上步，身体左转成马步；同时，右爪变拳收于腰间，随即向前上方冲拳，拳心朝上，左爪变掌收于右前臂内侧；目视右拳方向。（图 7–43）

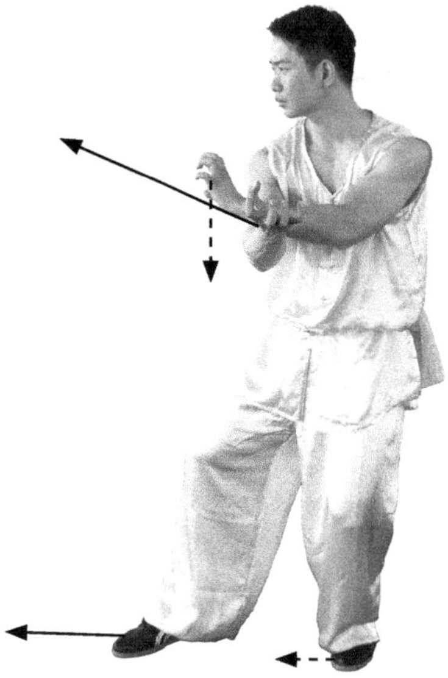

图 7–42

图 7–43

（3）右脚、左脚继续向前上步成马步；同时，右拳向内旋臂由左向右下方冲出，左掌不变；目视右前方。（图 7–44）

要领：上步连贯圆活；上下冲拳快速有力，力达拳面。

图 7–44

24. 二虎争威

（1）左脚向前盖步，随即右腿蹬地跳起，两脚屈膝悬空；同时，左掌变拳由左后方自然摆至身后，右拳摆至左肩前；目视左后方。（图 7–45）

图 7-45

（2）两脚相继落地，身体右转成右弓步；同时，左拳、右拳向内、向外旋臂再向前撞拳，拳心朝上；目视前方。（图 7-46、图 7-47）

要领：腾空轻灵，右脚落步与弓步一气呵成，换跳步与撞拳在腾空中协调一致，力达拳面。

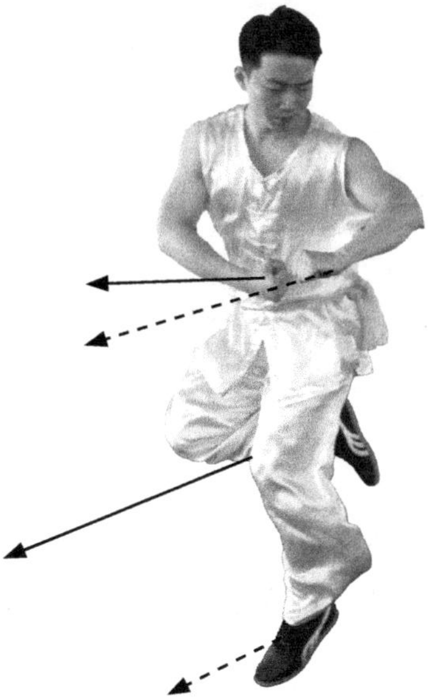

图 7-46

图 7-47

25. 挑手拂肚

（1）左脚向左前方上步成左三战马步；同时，双拳变掌向外、向内旋臂经体前交叉向外挑掌至胸前。（图 7-48）

（2）右脚上步成马步；同时，双掌变挡爪由外向内划弧经腰间向前拂肚，虎口朝上，发声“哇”；目视前方。（图 7-49）

要领：马步与推爪完整一致，力达爪根，发声浑厚响亮。

图 7-48

图 7-49

26. 蝴蝶双飞

右脚向左脚前方上步，成右三战步；同时，两爪变鹤头掌由下经体前向上交叉划弧至胸前向两侧挑掌，掌心向内，双肘紧夹两肋；目视前方。（图 7-50、图 7-51）

要领：以腰带臂，以臂带掌，发力短促迅猛，力达前臂与指尖。

图 7-50

图 7-51

27. 拨水求鱼

身体不动；鹤头掌向下交叉拨至身体前方，随即向下、向外拨掌，掌心斜向下，两肘紧贴两肋；目视前下方。（图 7-52、图 7-53）

要领：右鹤头掌在前，左鹤头掌在后；快速向身体两侧拨掌，力达前臂。

图 7-52

图 7-53

28. 千斤称出

身体不动；两肘紧贴两肋沉腕收于腰间，随即重心前移成右弓步；同时，两掌心相对向上、向前称出；目视前方。（图 7-54、图 7-55）

要领：鹤头掌直臂称出，力达指尖。

图 7-54

图 7-55

29. 昭阳坠落

（1）重心后移成右三战马步；同时，鹤头掌向下、向后沉肘，掌心向上，两肘收回两肋；目视两掌。（图 7-56）

（2）身体不动；鹤头掌向内旋沉腕于体前，掌心斜向前，两肘紧夹两肋；目视前下方。（图 7-57）

要领：鹤头掌向内旋沉腕时，以腕为轴内旋下沉，力达掌根。

图 7-56

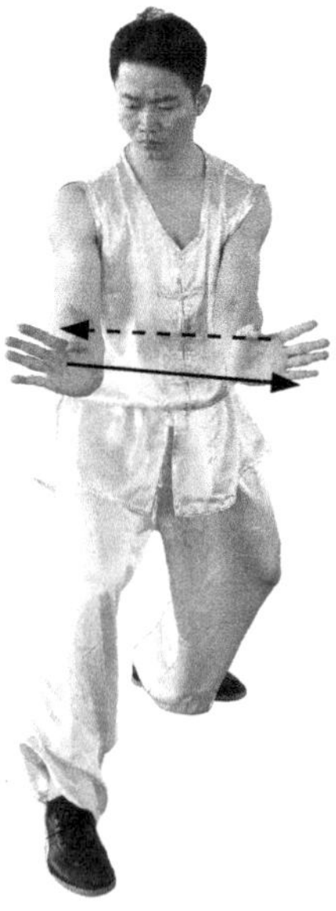

图 7-57

30. 白鹤剪翅

身体不动；鹤头掌向内划弧交叉于胸前，左掌在上，右掌在下；目视指尖。（图7-58）

要领：两掌上顶撞击，力达掌背。

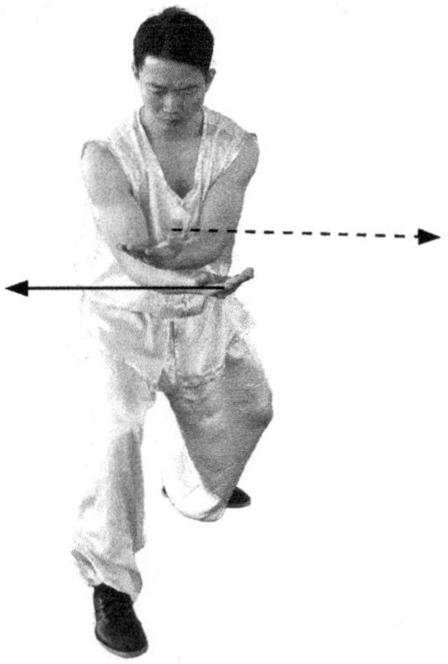

图 7-58

31. 弥勒献肚

身体立直；同时，鹤头掌向身体两侧撑出，小腹微向外顶凸；目视前方。（图7-59）

要领：两臂向外撑掌快速有力，力达掌背。

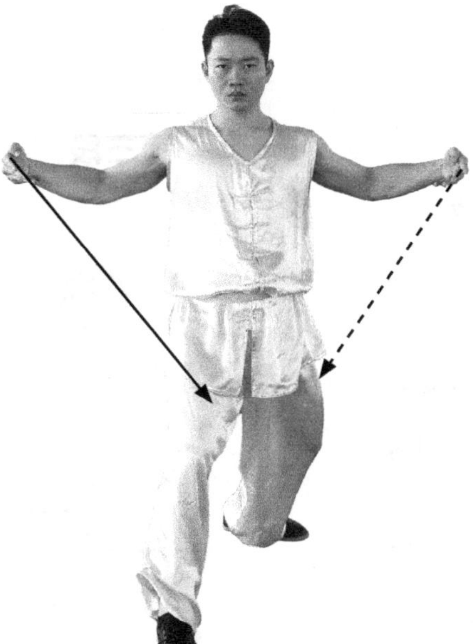

图 7-59

32. 鹤翅裁腰

鹤头掌由外向内在体前截击，两肘紧夹两肋，小腹内收；目视前方。（图7-60）

要领：两掌向中截击时，力达腕背。

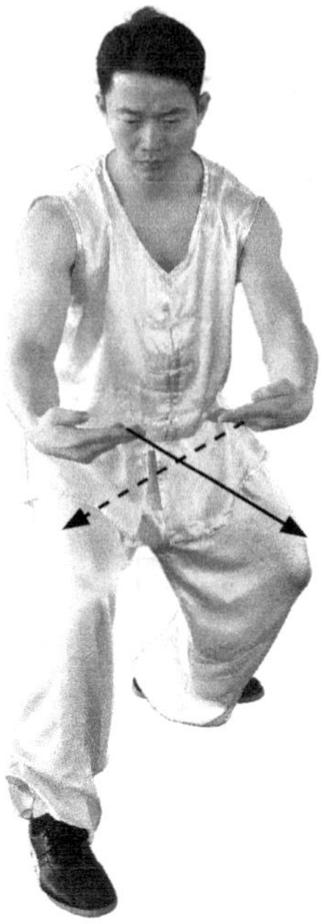

图 7-60

第三段

33. 白鹤独立

两鹤头掌向外、向内旋臂交叉于体前，左掌在上，两掌指尖朝下。随即右腿屈膝向上提起，脚尖垂直向下，成左独立步；同时，两鹤头掌向身体前两侧拨摆，掌心向下，两肘紧夹两肋；目视前方。（图 7-61、图 7-62）

要领：缠腕擒拿手与提膝撞击协调一致，一气呵成，力达掌指。

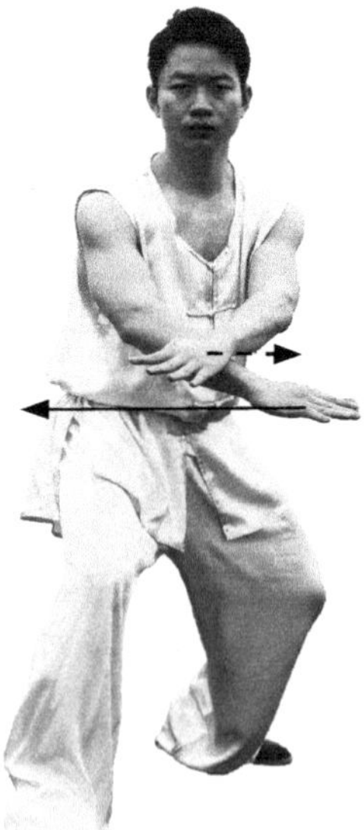

图 7-61

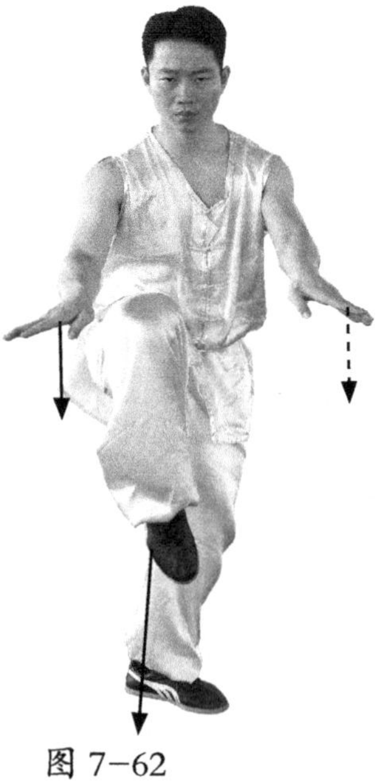

图 7-62

34. 狗仔颤水

（1）右脚向前落步，成左三战马步；两鹤头掌变鹤头爪，同时向下沉肘按爪至身体前两侧，爪心斜向下，虎口朝前；目视前下方。（图 7–63）

（2）身体稍右转；同时，右鹤头爪收于右肩前，爪心朝前，左鹤头爪不变，置于身体左侧，爪心朝前；目视前下方。（图 7–64）

图 7–63

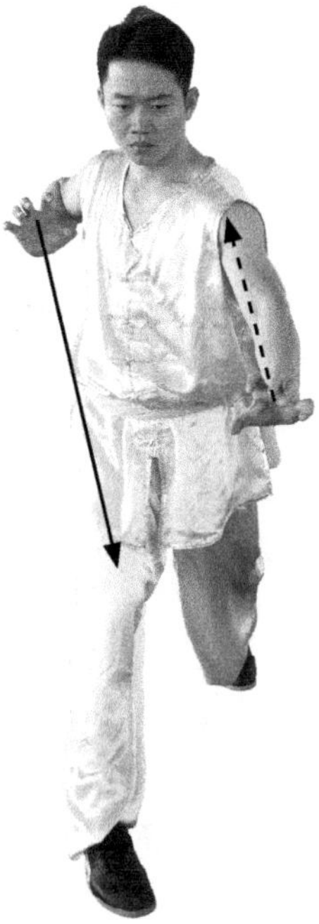

图 7–64

（3）右鹤头爪、左鹤头爪、右鹤头爪相继向前连环冲出；随后两鹤头爪同时由左右腰间向前下方冲出，爪心斜向前，虎口朝上；目视前方。（图 7–65~图 7–67）

要领：右脚落步踏实下沉；左右爪推拉时腰借助颤身摇胛，发出缠劲。

图 7–65

图 7–66

图 7-67

35. 风卷残云

（1）右脚向左前方盖步，身体左转 180° ；同时，右鹤头爪变拳由下向上经脸前绕摆至右耳侧，左鹤头爪变掌收于右肩前；目视左前方。（图 7-68、图 7-68 附图）

图 7-68

图 7-68 附图

（2）左脚向左前上步成左三战马步，身体左转；同时，右拳向内格挡至体前，拳心朝内，左掌向下拨挡至右肘下方，掌心朝下，两肘紧夹两肋；目视前方。（图 7–69）

要领： 转身进步与两掌划弧协调一致，左刁右格时拧腰转胯发劲，气要沉，步稳固。

图 7–69

36. 白马悬蹄

两手动作不变；右腿独立支撑，左腿由屈到伸向后蹬踹，上体向前微倾；目视左前方。（图 7–70）

要领： 蹬腿时上体前倾，重心平稳，起腿突然，力迅猛。

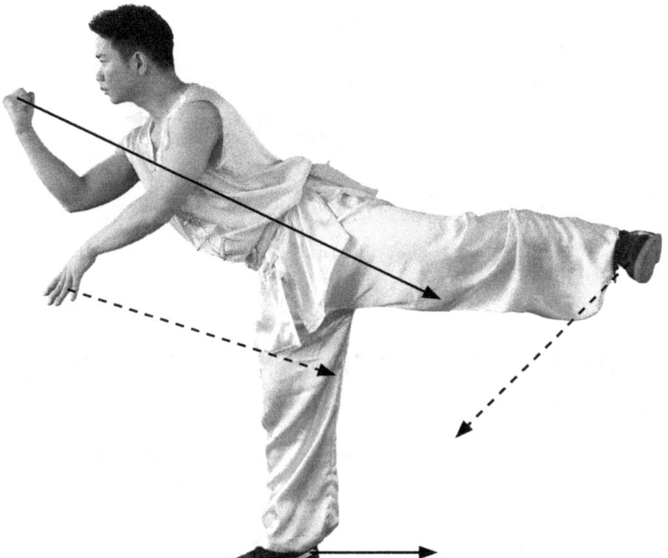

图 7–70

37. 天犬滚珠

左脚向下落步，同时身体向左后转 180°；随即右脚向前上步，身体前扑，双手撑地，上身卷屈，肩、背、腰、臀依次着地翻滚；左腿屈膝，右腿伸直向前、向下击打，随后起身迅速；目视右前方。（图 7–71~ 图 7–73）

要领：肩、背、腰、臀依次着地，滚翻要圆、快，起身迅速。

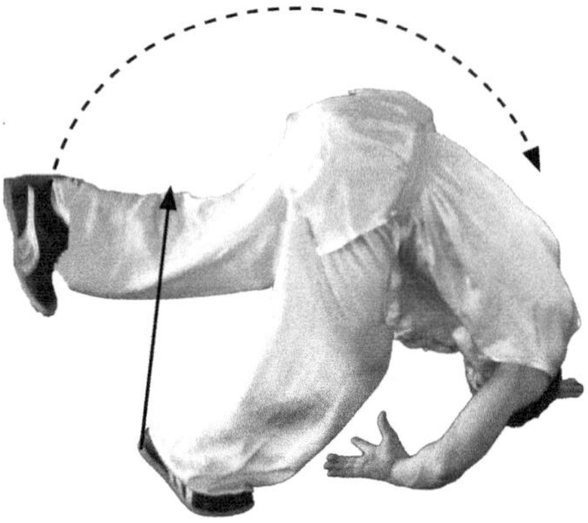

图 7-71

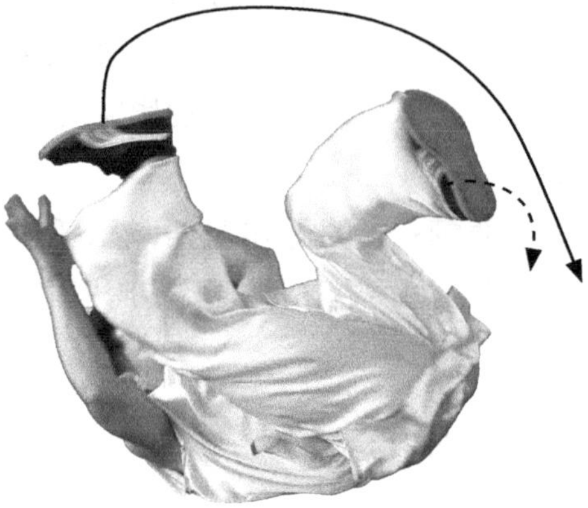

图 7-72

图 7-73

38. 铲蹬脚

双手撑地；随即左腿屈膝贴地，右腿由屈到伸向右前方铲蹬，同时身体左侧着地；目视右前方。（图 7-74）

要领：双腿依次连环蹬铲要连贯、快速、协调，力贯脚跟。

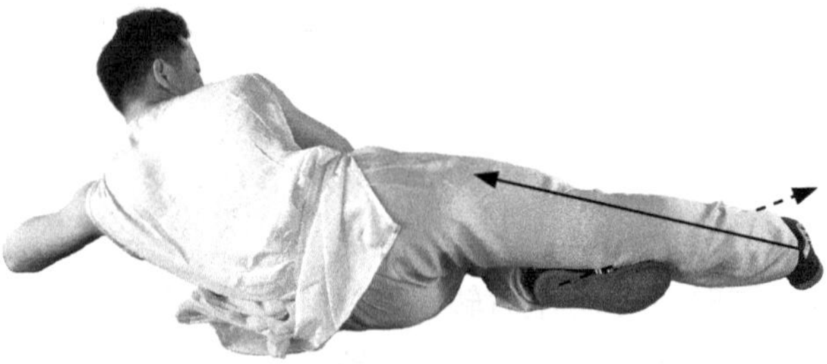

图 7-74

39. 朝天脚

（1）右腿屈膝内收，左腿伸直；随即右腿向前蹬出，左腿屈膝内收；目视右前方。（图 7–75、图 7–76）

图 7–75

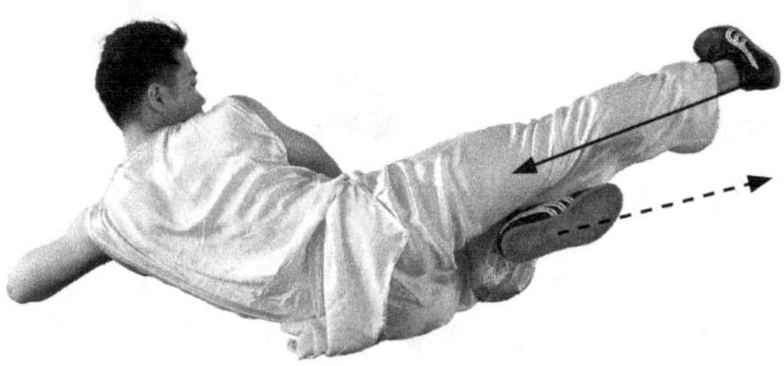

图 7–76

（2）右腿屈膝内收，左腿伸直向前蹬出；随即右腿伸直向上蹬出；目视右脚。（图 7–77、图 7–78）

要领： 右腿收脚上蹬快速、有力，上体仰起。

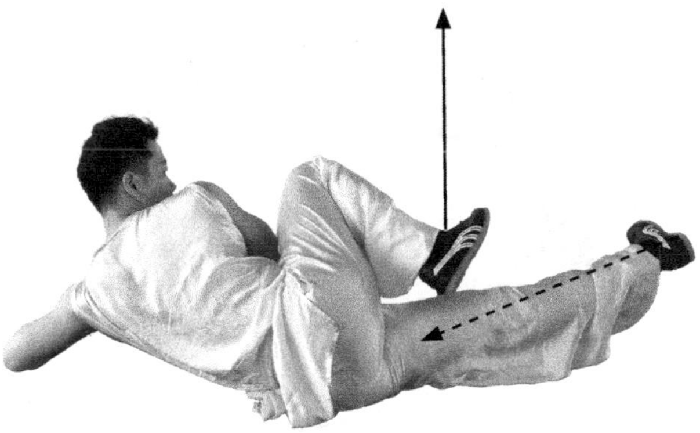

图 7–77

图 7–78

40. 蝴蝶脚

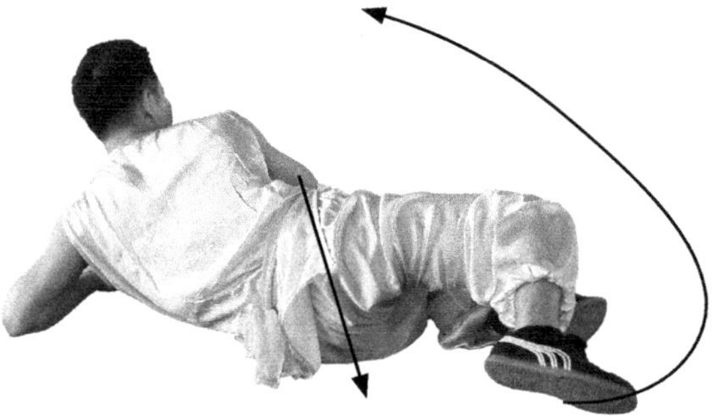

图 7–79

（1）右腿下落向右后摆腿屈膝，同时左腿屈膝贴地；目视前方。（图 7–79）

（2）身体右转背部着地，同时右腿由左前方经胸前向右下方扫转，随即左腿向左、向后、向右、向下方扫剪；目视右脚，然后注视左前方。（图 7–80~图 7–82）

要领：两腿扫转时要绷直、有力，腚部不宜抬高。

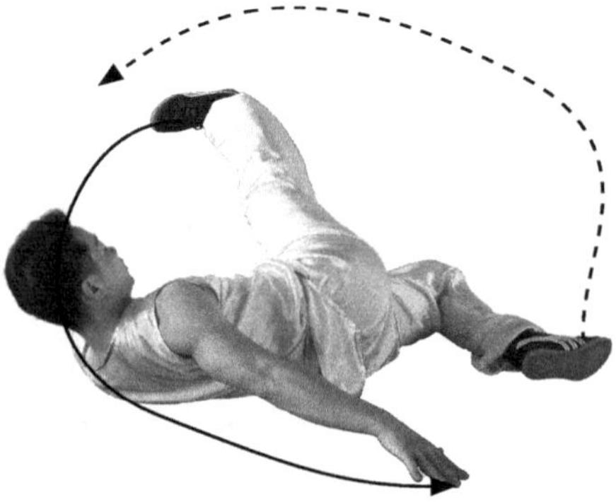

图 7–80

图 7-81

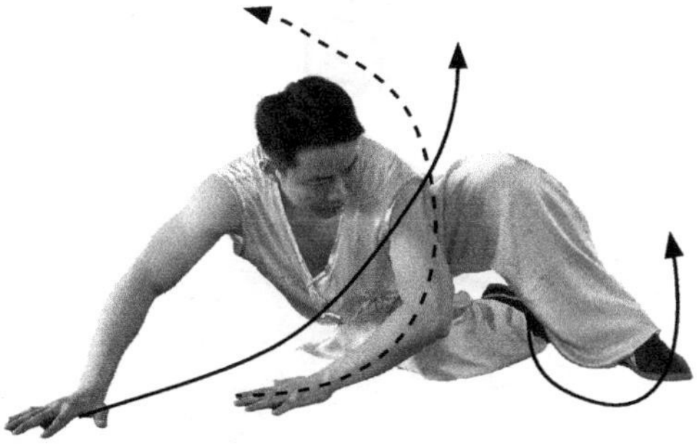

图 7-82

41. 撞根肘

（1）身体站立，右脚向左前上步内扣；同时，左手变掌划弧经右臂下方穿出，右拳收于左肩前；目随掌移。（图 7-83、图 7-83 附图）

图 7-83

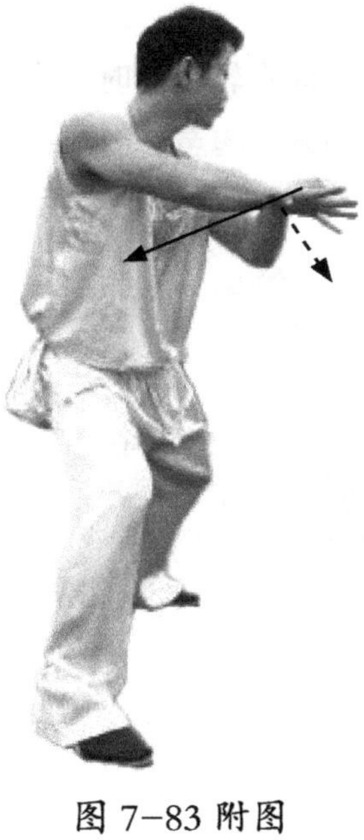

图 7-83 附图

（2）身体向左前转 90°，左脚向左侧落步。随即右肘经胸前向左前臂内侧压肘；同时，右腿屈膝跪地，左腿前弓成骑龙步；目视前方。（图 7-84、图 7-85）

要领： 转体成骑龙步与压肘一气呵成，力贯肘部。

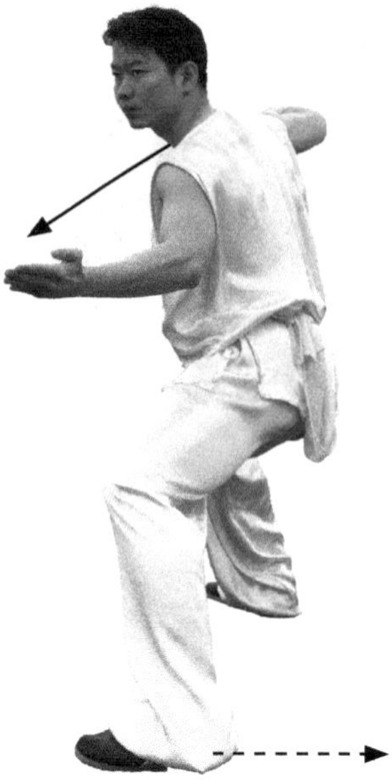

图 7-84

图 7-85

42. 拗竹

（1）身体右转；同时，右拳变爪由外向内旋腕沉肘收于腰间，爪心朝下，左掌变爪由外向内旋腕至右肩前；目视右前方。（图 7-86、图 7-86 附图）

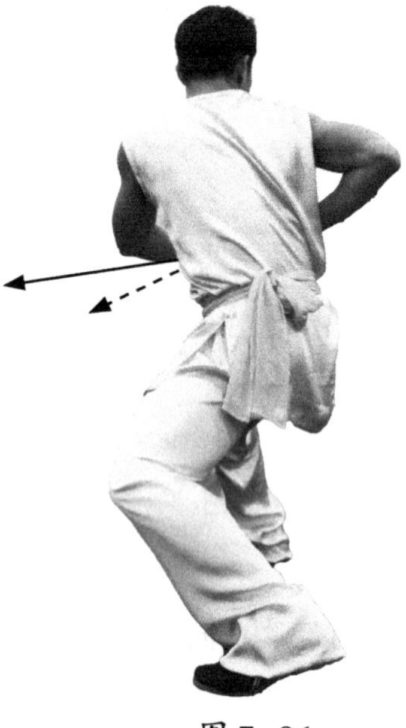

图 7-86

图 7-86 附图

（2）身体左转，随即两腿屈膝下蹲成单蝶步；同时，右爪向左前方击出，爪心朝前，左爪伏于右肘下，爪心朝下，发声“呔”；目视前方。（图 7–87）

要领： 左爪内捞、右爪推击完整一致，力达爪心；发声响亮。

图 7–87

43. 横肘掉捶

右脚向右前方上步成三角步，身体左转；同时，左爪变掌经右前臂下方平抹，右臂屈肘由后向左前臂内侧顶肘；目视前方。（图 7–88）

要领： 拧腰顶肘，力达肘尖。

图 7–88

44. 双插箭

（1）两腿直立；同时，右拳变掌向右上方翻打，掌心朝上，左拳屈肘收于左腋旁，拳心朝上；目视右掌。（图 7–89）

图 7-89

（2）左拳变掌由下向上旋腕划弧，同时右掌向内划弧与左掌交叉下压至体前；随后双掌向前上方冲击，掌心朝下，力达指尖；目视前方。（图 7-90、图 7-91）

要领：两掌向上弹抖快速有力，力达指尖。

图 7-90

图 7-91

第四段

45. 左右劈斗

（1）左脚向左前方上步，右脚跟步成左三战马步；同时，两掌收于体前再向左前方劈斗，左掌在上，右掌在下；目视左前方。（图 7-92）

（2）右脚向右前方上步，左脚跟步成右三战马步；同时，两掌收于体前再向右前方劈斗，右掌在上，左掌在下；目视右前方。（图 7-93）

要领：拧腰转体，两手成阴阳掌，阳掌防上，阴掌防下，力达掌根。

图 7-92

图 7-93

46. 美女缠袖

（1）右脚向前上步蹬地向上跳起，随即左脚向上摆起；同时，双掌变拳在空中

连续上下缠绕击打两次；目视前方。（图 7-94）

（2）左、右脚相继落步，右脚在前、左脚在后成右三战马步；同时，右拳收于右肩前，左拳落于体前，拳心朝下；目视前方。（图 7-95）

图 7-94

图 7-95

（3）右拳顺势向前击打，拳心向下，力达拳面；左拳随即收于右肘下，拳心向下；目视前方。（图 7-96）

要领：腾空跃起与两拳连环弧形击打一气呵成，发出弹劲。

47. 进马擒掌

身体左转 90°，随即右脚向右后方退步，左脚向后耳脚成左三战马步；同时，右拳屈肘收于右肩前，拳心朝上，左拳变掌由右向下经体前划弧擒出，掌心向下，虎口朝前；目视前方。（图 7-97）

图 7-96

要领： 退步与擒掌协调一致，左臂外旋，力达指尖。

图 7−97

48. 进马擒挣

右脚向前上步成右三战马步；同时，右拳向前挣出，拳心朝下，左拳收于左肩前；目视前方。（图 7−98）

要领： 上步与冲拳完整一致，冲拳与肩平，力达拳面。

图 7−98

49. 桂英割挡

（1）左拳变掌由左向右经脸向前划弧割出，掌心向下，指尖朝前，右拳收于右肩前；同时，右脚茸至左脚前；目视前方。（图 7-99）

（2）右脚向后绊扫成左弓步；随即左掌变拳收于左腋旁，右拳变爪向前挡出；发声"哇"，目视前方。（图 7-100）

要领：左前臂内旋割掌，右推爪快速有力，力达爪根，发声响亮。

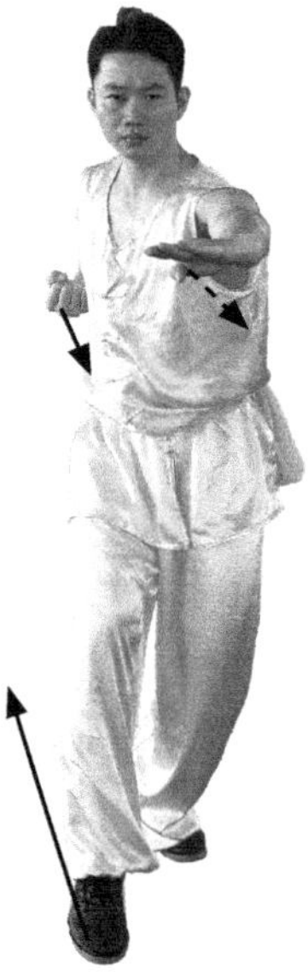

图 7-99

图 7-100

50. 左手挑掌

右脚向右横跨一步，左脚向右前方进一步成左三战马步；同时，左拳变掌由下向左上方挑出，掌心向内，右爪变拳收于右腋旁；目视前方。（图 7-101）

要领：左挑掌由下向上挑，前臂内旋，力达指尖。

图 7-101

51. 力劈华山

左脚向左后方退一步，右脚向左前方进一步成右三战马步；同时，右拳变立掌旋臂由下经体前向前反劈，指尖朝上，掌心朝左，左掌变拳收于左腋旁；目视前方。（图 7-102）

要领：挂劈掌快速有力，力达前臂。

图 7-102

52. 寄脚昭阳

（1）左脚向后退步；右脚收于左脚前成寄脚；同时，两掌收于上体两侧，掌心朝上。（图 7-103）

（2）左掌、右掌向内旋臂再向前推出，右掌在前，左掌护于右肘内侧成昭阳手；目视前方。（图 7-104）

要领：虚步与推掌连贯、协调一致，推掌缓慢沉稳有力，力达掌外沿。

图 7-103

图 7-104

53. 过骱吞手

右脚向右横迈一步成右过骱马，身体随之右转；同时，昭阳手变拳屈肘收于两胁处，拳心朝上；目视前方。（图 7-105）

要领： 拧腰转胯成过骱马协调一致，双顶肘短促有力，一气呵成。

图 7-105

54. 平马双坠

身体向左旋转成四平马步；同时，双拳向下方搽出，拳心向下。（图 7-106）

要领： 以腰带臂向下冲拳，力达拳面，马步稳健。

图 7-106

55. 并步收势

（1）右脚向左脚并步；同时，两拳收于身体两侧，拳心朝上；目视前方。（图 7–107）

（2）两拳变掌，下垂于身体两侧；目视前方。（图 7–108）

要领：抱拳沉稳有力，协调一致，并步时两腿伸直站立。

图 7–107

图 7–108